정치인은 다가오는 선거를 생각하고,
정치가는 다가오는 세대를 생각한다.

A politician thinks of the next election,
A statesman thinks of the next generation.

-제임스 프리만 클라크-

청년,
티슈?

이부형

글통

| CONTENTS |

| CONTENTS |

11장 청년정치를 위한 대안

[부록] 국제의원연맹 청년정치참여보고서

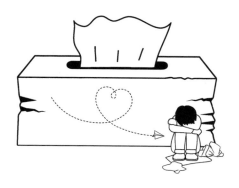

청년은 티슈가 아니다

"마치 뽑아 쓰고 버려지는 티슈 같다."

한국의 청년정치가 제대로 뿌리 내리지 못하는 현실을 보며, 많은 사람들이 자조적으로 내뱉는 말이다. 선거 때만 잠깐 호출되어 각 당의 참신한 이미지 보강에 활용된 다음, 선거가 끝나는 동시에 무참히 버려지는 청년정치의 현실을 '티슈'에 비유한 것이다.

가슴 아프게도 이는 너무나 적절한 비유가 아닐 수 없다. 엄밀히 말해 한국정치는 청년 리더를 정치적으로 키워낼 수 있는 안정적인 구조가 없다.

쇼가 끝나면 사라지는 청년

선거가 시작되면 여의도에는 '청년정치'의 바람이 분다. 기성

정치가 해결하지 못한 문제를 청년정치로 해결하겠다는 다짐도 쏟아진다.

선거 때마다 청년이 소환되는 이유는 간단하다. 정당의 혁신 이미지를 상징하는데 있어 생물학적 젊음 즉 청년만큼 좋은 도구가 없기 때문이다.

청년은 선거의 속성과 잘 어울리기도 한다. 선거는 거대한 '심판'의 현장이다. 기존의 정치를 심판하고 싶은 유권자들에게 변화와 개혁의 이슈를 내세워 표심을 자극하기 위한 일종의 치어리더로서 청년이 이용된다. 청년 영입은 정당이 특정한 이념이나 지역에 얽매이지 않는다는 이미지도 줄 수 있다. 한마디로 청년을 적극 끌어들임으로써 '참신함'을 보강할 수 있다.

이렇게 선거 때마다 활용도가 높은 청년 표심을 얻기 위해 정치권은 늘 다양한 접근을 시도한다. 대표적으로는 청년정치인 몇 명을 아이콘으로 만들어 자리를 내주고, 청년 세대를 존중한다는 징표로 삼는다.

그러나 여기까지다. 반짝 영입한 청년 정치인들은 선거가 끝나면 소리 없이 사라진다. 쇼가 끝나면 청년은 사라진다. 티슈처럼 뽑아 쓰고 버리는 것이다.

한마디로 선거 때마다 '청년'은 못생긴 기성정치의 얼굴에 분칠을 하기 위한 용도로 사용되고 끝나는 것이다. 오랫동안 반복되어 온 이러한 행태에 대해 이제야말로 냉정한 진단과 평가가 필요하다.

내가 청년 정치를 사랑한 이유

내가 청년과 정치라는 주제에 대해 오랫동안 천착했던 이유는 무엇보다 나 자신이 청운의 꿈을 안고 정치에 도전했던, 청년 정치인이었기 때문이다.

나는 2015년 9월, 전국 새누리당 청년당원의 직접선거를 통해 57%가 넘는 압도적인 득표율로 제4대 중앙청년위원장에 당선된 바 있었다. 당시 당내 선거구도는 유권자 구조상 비수도권 출신 후보에게 절대적으로 불리한 상황이었지만, 나는 그 어려운 구도를 '청년의 희망'을 복원하자는 진정성 있는 소통으로 극복해냈다.

내가 청년위원장에 취임한 이후, 유명무실하다는 비판 속에서 그간 주변부에 머물던 청년위원회는 체질 개선과 위상 재정립을 끊임없이 추구했다. 구체적으로는 '뉴 리더 아카데미'를 개설하고 전국 17개의 시도 청년위원회 간 소통 역량 강화를 위해 쉼 없이 달렸다. 조직문화도 많이 달라졌다. 그전까지의 상의하달식 수동적 문화에서 벗어나 이슈 주도적인 청년위원회이자 능동적이고 적극적인 청년위원회로 변모했다는 평가를 받았다.[1]

그 시절 나는 청년을 외면한 정당은 국민의 지지를 받을 수 없다는 신념으로 청년 비례대표의 확대와 청년가산점제 등을 위해 많은 노력을 기울였고 청년기본법 제정 과정에서도 상당히 많은 논의를 함께했다.

그 덕분에 10년의 세월이 지난 아직까지도 당에서는 나를 청년위원장으로 기억해 주는 당원들이 많다. 나이가 50이 넘은 지금까지도 청년정치에 관한 고민이 있을 때 마다 나를 찾는 후배들이 많다보니 자연스럽게 청년당원들과 소통의 구심점 역할을 하게 되었다. 본의 아니게 영원한 청년이 된 것 같은 느낌이다.

나 같은 청년 정치인이 더 이상 없기를...

그러나 청년 정치인으로 시작했던 내가 50이 넘은 중년의 나

---

1 그 이후로 중앙청년위원장이라는 직책 자체가 없어졌다. 지금은 당대표 선거 때 청년 부문 최고위원을 따로 뽑는 정도로 위상이 낮아졌다.

이로 다시 청년을 이야기할 수밖에 없게 된 데에는 그리 반갑지 않은 사연이 있다.

우리 정치권에는 청년 정치인으로 출발했지만, 결국 청년 정치의 아름다운 꿈을 제대로 이루지 못하고 정치 낭인이 되어가는 중년들이 많다.

나 역시 청년 정치를 하고 싶었지만, 청년정치의 이상과 내가 실제로 부딪히는 현실정치의 괴리 속에서 많은 패배감과 좌절감을 느끼기도 했다.

다시는 당 안에서 나 같은 청년 정치인이 생기지 않았으면 좋겠다는 바람, 앞으로는 내가 겪은 청년정치의 오류가 반복되어서는 안 된다는 생각이 이 책을 쓰게 된 중요한 동기였다.

다시, 청년 정치의 길로

정치는 혼자서 할 수 없다. 도전하고 부딪히며 온몸으로 청년정치의 역사를 돌파해 온 젊은이들이 없었다면 우리는 아마도 지금보다 더 모진 환경에서 청년정치의 현실에 직면하고 있을 것이다.

이 책이 청년정치에 관심을 갖고 정치에 도전장을 내밀고자

하는 분들에게 작은 도움이나마 되었으면 하는 바람이다. 10년 전이나 지금이나 나의 바람은 한결 같다. 우리나라가 그리고 우리 국민들이 열정과 도전정신으로 가득한 '청년정치인'들에게 더 많은 격려와 더 애정 어린 응원을 보내주길 바라는 마음 간절하다.

그동안 우리 정치가 '청년'과 '청년정신'을 제대로 담아내지 못했을 뿐, 여전히 정치는 청년을 필요로 하고 있다. 청년이 없는 정치는 공허하고, 정치가 빠진 청년은 맹목적이기 때문이다.

정치야말로 그 어떤 영역보다도 청년의 순수한 피를 필요로 하는 공간이다. 정치가 청년의 열정으로 가득할 때 대한민국이 보다 맑고 순수한 에너지로 더 힘찬 전진을 해낼 수 있다.

2023년 12월 포항에서
이부형

1장

한국 청년정치의 현실

01
선거 때는 러브콜, 끝나면 헌신짝

정치권이 선거 때만 청년을 치어리더로 활용하는 대표적인 사례를 하나 들어보자. 2020년 총선 당시 미래통합당[2] 공천관리위원회는 이른바 '퓨처메이커(FM) 청년벨트' 공천을 발표한 일이 있었다.

당시 공관위가 공개한 청년벨트의 취지는 나쁘지 않았다. 경험이 부족한 청년이 기성 정치인과 경쟁해 이기기 쉽지 않은 만큼, 청년 출마자를 늘리기 위해서는 청년만 도전 가능한 지역을

---

2   미래통합당은 자유한국당, 새로운보수당, 미래를향한전진4.0 등 중도·보수 세력들이 합당하여 2020년 2월 17일 창당했다. 2020년 9월 2일 창당 후 198일 만인 9월 2일 국민의힘으로 당명을 교체하였다.

배정하겠다는 취지였다. 얼핏 들으면 그럴 듯해 보였다.

공관위는 만 45세 미만의 '퓨처메이커(Future Maker·미래창조자)' 후보군 중 경선을 통해 수도권 신도시 지역 후보군으로 차출하겠다는 구상을 밝히면서 △경기 수원정 △광명을 △의왕과천 △남양주을 △용인을 △화성을 △파주갑 △김포갑 등 8곳을 대상 지역으로 선정하고 이 지역에서는 청년 정치인들끼리만 '경쟁'을 하도록 해서 최종승자를 당이 공식 공천하겠다고 발표했다. 공천관리위원회는 오디션 방식으로 후보를 선발하겠다며 심사위원도 20명으로 늘렸다.

그러나 이러한 청년벨트의 대외적 명분과 실제 현실 사이엔 큰 갭이 있었다. 사실 '오디션 공천'은 허울뿐이었다. 너무나 촉박한 일정 탓인지는 몰라도 오디션은 단순한 자기소개와 질의응답으로만 진행됐다. 오디션 과정을 유튜브로 공개하겠다던 계획도 취소되었다. 결과적으로는 기존 밀실 면접과 전혀 차이가 없는 '말만 오디션' 방식의 경선을 치렀다는 비판이 나왔다.

무엇보다 가장 치명적인 문제는 공관위가 지정한 지역들이 보수정당에는 대표적인 '수도권 험지'로 꼽히는 지역이라는 점이다. '청년' 정치인에게 기회를 주겠다는 취지대로라면, 상식적으로 보수정당이 유리한 지역이거나 최소한 해볼 만한 지역에 공천을 줘야 하는 것이 상식이다. 그러나 당시 공관위는 대표적인 수도권 험지에 청년정치인들을 '청년벨트'라는 미명하에 불쏘시개로 밀어 넣은 것이다.

불과 총선 50일 전에 청년정치인을 영입해 놓고 사지로 내몰아 '장렬히 전사하라'는 주문이나 마찬가지였던 것이다. 이 때문에 '청년정치를 한다더니 사지행', '학도병을 선발해 총알받이로 밀어내는 꼴' 등의 냉소가 쏟아졌다.

바람과 함께 사라지는 청년들

청년정치인들 중에는 '반짝 인기'를 누리다 순식간에 존재감이 사라지는 경우도 많다. 말 그대로 혜성처럼 나타났다가 바람과 함께 사라지는 셈이다. 스스로 정치 변화의 신호탄이 되어 순간돌풍을 일으키며 존재감을 드러냈지만, 결국 실질적인 당의 오너에게 버림받고 소모품으로 전락한다.

전형적인 사례로 박지현 전 더불어민주당 공동비상대책위원장을 들 수 있다. 디지털 성범죄 집단 엔(n)번방의 실체를 밝힌 '추적단 불꽃' 활동가였던 스물여섯 살 박지현에게 '비대위원장' 제안이 들어온 것은 2022년 3월, 20대 대통령선거가 끝난 나흘 뒤였다.

대통령선거에서 윤석열 후보에게 패배한 이재명 더불어민주당 전 대선후보는 대선 패배 이후, 정치적 돌파구를 마련하기 위해 박지현에게 당 비상대책위원장직을 제안했다. 박지현은 처음엔 몇 번 거절했지만, 결국 민주당의 공동 비상대책위원장직을 받아들였다.

한 가지 재밌는 것은 박지현이 비대위원장직을 제안 받을 때

이재명에게 "혹시 나를 이용하려는 것이 아니냐?"고 물어봤다는 사실이다. 다년간 청년정치의 한계를 목격한 박지현이 선제적인 질문을 던진 셈이었다.

그런데 이 질문을 받은 이재명은 "공동 비대위원장은 지방선거 공천권의 절반을 갖는다. 공천권을 주는 것은 실제 권한을 주는 것이지 이용하려는 것이 아니다."라고 말했다고 한다.

하지만 현실은 달랐다. 당시 매주 열린 비공개 고위전략회의 때 마다 박지현 비대위원장은 왠지 자신이 겉돈다는 느낌을 받았다. 왠지 선거용 얼굴마담으로 끝날 것 같은 느낌도 받았다.

박지현은 조국 전 장관에 대해서는 '사과'를 추진하고 '검찰수사-기소권 분리법안'에 대해서는 신중처리를 주문하는 등 민주당의 기존 입장과 다소 다른 모습을 보였다.

그러나 그때마다 민주당 내부적으로는 내부총질 하지 말라는 비난이 쏟아졌다. 성희롱 발언을 했다는 의혹이 불거진 최강욱 의원 사건 때는 이재명 전 후보가 직접 전화를 걸어서 지방선거를 코앞에 둔 시점이니 같은 편을 공격하지 말라는 지적을 들었다.

결정타는 〈86세대 용퇴론〉이었다. 박지현 비대위원장이 6·1 지방선거를 불과 며칠 앞두고 '86세대 용퇴론'을 꺼내들자 당 내부적으로 "박지현의 정치적 미숙함이 드러났다"며 엄청난 공격이 시작되었다.

결국 박지현은 당 안팎의 빗발치는 공격을 받으며 무대에서 퇴장했다. 그는 결국 지방선거 패배의 책임을 지고 물러난 뒤, 민주당 강성 당원들의 출당·징계 요구에 직면하기도 했다.[3]
비대위원장 발탁에서 6·1 지방선거 참패까지, 82일의 동안의 정치적 경험은 그에게 큰 상처를 남겼다.

이 사건은 한마디로 청년을 들러리 세우는 데만 관심이 있을 뿐, 실권을 줄 생각은 전혀 없는 기성정치권의 속성이 적나라하게 드러난 사건이다. 기성 정치 질서에 의문을 제기하는 청년 정치가 등장했을 때, 우리 정치권은 실상 이를 수용할 준비가 전혀 되어 있지 않았다.

---

3 당시 민주당 극렬지지층은 "신입사원도 과한 애를 대표로 뽑아서 망한 민주당. 빨리 자르고 다시 시작해라!" "박지현이라는 역대급 진상의 패악질은 분명히 복기해야 한다" 등의 반응을 보이며 2022년 지방선거 패배의 책임을 모두 박지현 1인에게 몰아주기에 바빴다. 이에 대해 전여옥 전 의원은 "예상대로 아기복어(박지현)가 다 뒤집어쓰고 물러났다"라고 평가했다. 박지현과 동갑내기 정유라 역시 "정작 욕먹어야 할 쓰레기들은 완장 잘 차고 있는데 애먼 욕은 총알받이로 애한테 다 먹이고 진짜 비겁하다"라는 글을 SNS 올리기도 했다.

결국 박지현 비대위원장 영입은 기성 정치가 '청년 정치'를 어떻게 소모해왔는지 단적으로 보여주는 사례로 끝나고 말았다. 깜짝 발탁으로 관심을 모았다가, 이용가치가 떨어지면 슬그머니 밀어내는 이벤트성 청년정치의 전형적인 모습이었던 것이다.

02
특혜성 이벤트가 된 청년정치

장기적으로 구조적인 기반을 마련하는 노력이나 청년들 스스로의 노력으로 자기 대표성을 정립하는 과정 없이, 기성 정치 집단이 자기 입맛에 맞는 청년 개인 몇 명을 고르고 선택해서 이벤트성으로 활용하는 방식의 청년정치는 처음부터 한계가 분명할 수밖에 없다. 이러한 방식은 곧 오늘날 우리 청년정치의 처참한 현실을 빚어낸 주범이기도 하다.

문재인 대항마, 손수조의 아픔

기성정치권이 충분한 훈련을 거치지 못한 청년정치인을 갑자기 무대에 세워 결과적으로는 선거용 소모품이 되고 만 대표적인 사건으로 손수조 사례를 들 수 있다.

2012년 19대 총선 당시, 청년 손수조는 고향인 부산 사상구에 문재인 민주당 상임고문이 출마한다는 소식을 듣고 출마를 결심했다. 그는 무작정 새누리당 인재영입위에 자신의 이력서를 보냈다. 메일 제목은 "문재인 대항마 27살 여성"이었다.

놀랍게도 이 e메일은 제대로 전달되었다. 박근혜 당시 새누리당 선거대책위원장이 민주당 유력 대선후보였던 문재인의 맞상대로 20대 정치 신인, 손수조를 이른바 '자객공천'⁴ 한 것이다.

이를 두고 민주당에서는 고도의 정치전술이라는 반응이 나왔다. 이미 문재인이 출마하는 지역구에는 새누리당의 누가 나와도 이기기 어려운 상황이라 젊은 피 수혈이라는 명분으로 손수조를 공천하면, 문재인 후보를 '20대 여성 정치인과 싸우는' 프레임에 가둬 놓을 수 있었다는 분석이었다.

가장 강력한 야권의 대선후보가 출마한 곳에 무명의 청년 정치인을 전략 공천한 이상, 이기면 선거 전략의 승리가 되고, 설

---

4 자객공천이라는 말은 일본에서 비롯되었다. 우리나라에서는 손수조 공천과정에서 처음 사용되었다고 한다.

사 진다해도 손해는 아닌 상황이 되는 것이다.

반면 같은 지역에서 문재인과 일전을 준비하던 새누리당의 기존 예비후보들 사이에서는 청년 정치인 손수조의 공천을 인정할 수 없다는 반발이 터져 나왔다.

이런 상황에서 손수조 후보는 "전세금 3천만 원으로 선거를 치르겠다."며 주목을 받았지만, 결과적으로는 바로 이 언급 때문에 선거기간 내내 공약 파기 논란에 시달리는 결과를 빚고 말았다.[5]

이를 두고 손수조 후보는 나중에 "보통 사람들도 정치를 할 수 있는 선거를 만들자는 취지의 언급이었는데 선거비용이 3천만 원을 넘었다고 발표하니, 공약파기로 받아들여졌다."며 억울한 마음을 표현하기도 했다.

하지만 결과적으로는 청년 정치인의 가다듬지 못한 메시지가 오히려 역효과를 불러온 상황이 되었고, 많은 비판이 쏟아지며 청년 정치인으로서의 참신함은 크게 퇴색했다. 결국 그는 문재

---

5 '전세금 3천만 원으로 선거운동을 했다.'는 주장과 관련, 손수조 후보가 전세를 내놓은 적이 없다는 보도가 나오는 바람에 선거 당시 큰 논란이 되었다. 이는 거짓말이 아니었고 전세금으로 받을 돈을 미리 당겨 쓴 것이었다. 하지만 자세한 사실이 밝혀진 것은 이미 참신성에 큰 타격을 받은 뒤였다.

인 후보를 상대로 40%가 넘는 득표율을 올리는 뜨거운 저력을 발휘했지만, 당선의 영광을 얻지는 못했다.

손수조 후보는 4년 후인 2016년 20대 총선에서도 같은 지역인 부산시 사상구의 국회의원 후보로 공천을 받았지만, 당시 장제원 후보가 무소속으로 출마해 당선되면서 원내 입성의 꿈은 또 다시 좌절되고 말았다.

훈련된 정치가 중요하다

손수조는 나중에 언론인터뷰를 통해 이렇게 심경을 밝혔다.

"선거를 치르면서 많이 힘들었다. 2012년 문재인 후보, 2016년 장제원 후보 등 거물들을 상대했더니 내·외상이 적지 않았다. 정치를 다시는 하고 싶지 않았다. 두 번 선거에서 떨어지니까 대인 기피증이 오고 사람에 대한 상처가 깊었다.

나처럼 기성정치의 실패를 가리기 위해 청년들이 정치적으로 소모되어서는 안 된다. 정치는 굉장히 전문적인 직업이다. 그런데 양당 모두 인재 양성 시스템도 없고 자금과 경륜 모든 게 부족한 청년들을 그저 데려다 앉혀 놓는 식이다.

정치는 결국 정치인이 해야 된다. 정치적 경험이 없는 사람을 참신하다고 평가하는 경향이 있는데 그렇지 않다. 지금도 정치권에서 10년 이상 공부를 하고 활동했던 준비된 젊은 정치인들이 여야에 많이 포진해 있다. 이들이 함께 원내에 진출한다면 21대 국회처럼 서로를 악마화하며 반대만 하는 일은 없을 것 같다." [6]

청년은 보호대상인가?

청년정치를 바라보는 관점 중에 가장 큰 문제는 청년을 일종의 특혜의 대상 혹은 보호대상으로 바라보는 관점이다. 바로 이런 관점에서 〈제도화된 청년정치〉가 아니라 특정시기에 일부 청년에게 〈시혜성 특혜를 주는 청년정치〉가 반복되어 왔기 때문이다.

청년정치는 보살핌이나 특혜의 대명사가 되어서는 안 된다. 이 경우 청년정치는 어떤 과정을 거치건 전형적인 액세서리, 소모품 정치가 될 수밖에 없다.

6　2023.9.3. 데일리안 손수조 인터뷰 요약

기성세대의 은혜를 통해 정치권에 진입한 청년정치의 경우, 여러 가지 문제가 노출될 수밖에 없다. 무엇보다 청년 정치인 본인이 아직 정치적으로 준비되지 않았기 때문이다. 아무리 큰 뜻을 품고 있다고 해도, 연습 한 번 해보지 않은 채로 좋은 정치를 펼칠 수는 없다.

자기 실력으로 얻어내지 못한 자리이기 때문에 시시각각 불어오는 외풍에 견뎌낼 힘을 갖출 수도 없다. 정치는 당선이 전부가 아니다. 설사 당선의 문턱을 넘는다 해도 당선 이후가 더 중요한데 그 이후를 버텨낼 실력을 쌓을 수가 없는 것이다.

청년은 무조건 옳은가?

물론 한국의 청년 정치가 뿌리를 내리지 못하고 있는 원인이 기성 정치권에만 있는 것은 아니다. 국민들은 청년 정치를 지지해야 할 필요성에 대해서 인식하고 있으나 아직까지 청년 후보자들의 능력에 대해 신뢰하지 못하는 것도 사실이다.

단적으로 말해 준비가 안 된 청년 정치인들이 너무 많다. 자신의 전문성을 활용해 국민에 일조하겠다는 마음보다, 정치 경력한 줄을 얻는 것이 목표인 청년 정치인들이 많다.

이런 부류의 청년 정치인들은 미디어 노출에만 힘쓰게 된다. 정치란 국민의 삶에 밀착해 행동으로 보여주는 것인데, 청년 정치인은 행동이 아니라 말만 하는 느낌이 있다. 언론 인터뷰, 소셜 미디어 활동에만 몰두하고, 정작 '정치' 활동은 하지 않는다.

대다수 청년 정치인들은 아직 정책 능력이 부족하기도 하다. 청년 세대의 불만을 거론해 이슈화시키는 법은 어느 정도 알지만, 이를 정책으로 전환하는 방법은 모른다.

너무 강성 목소리에만 집착하는 바람에 청년 정치 이미지를 깎아 먹는 경우도 있다. 뭘 해야 하는지 모르고, 하겠다는 의지도 경험도 없는 상황에서 어떤 자리가 주어질 경우, 꼼수만 난무하는 청년정치가 될 가능성이 높다. 이 경우 청년 정치인들이 지나치게 젠더프레임, 갈라치기, 네거티브에만 몰두하는 모습을 보이게 되고 오히려 피로감을 주는 경우도 있다. [7]

특히 깜짝 스타처럼 등장한 청년 정치인 중에 충분한 정치적,

---

[7] 청년정치가 실패하는 이유에 대해 김소연 변호사는 '굿바이 청년정치'라는 대담 자리에서 알맹이와 콘텐츠, 즉 '무엇을 해야 할지'가 없기 때문이라고 진단했다. 그는 "청년정치인이라 해도 노인 정책을 살펴야 한다. 청년정치 혹은 여성정치라는 용어로 이들을 가둬서는 안 된다"고 말했다.

정책적 전문성을 갖추지 못하거나 풍부한 경험과 판단력 등을 겸비하지 못하는 한계를 지니는 경우가 많다. 이로 인해 혜성처럼 나타났다가 짧은 시간 안에 정치권 안에서 도태되는 경우도 많다.

이 때문에 청년정치의 지속적인 정치권 충원을 위해서는 일단 청년들을 잘 이해하고 청년 정치인을 규합할 수 있으며, 무엇보다 청년과 기성세대를 연결시켜줄 수 있는 매개체 역할을 해줄 중간자로서의 리더십이 필요하다는 분석도 제기 된다.

청년정치, 능력과 패기가 중요하다

국가적 차원에서 정치가 청년을 소망하는 가장 큰 이유는 청년이 어떠한 기득권도 없이 낡은 정치를 조금씩 밀어내주기를 바라는 사회적 열정이 존재하기 때문이다.

그러나 거대한 네트워크로 짜여진 기득권 정치에 정면도전하는 청년을 만나기란 쉽지 않다. 정치에 뜻을 둔 청년들은 오히려 기득권 집합체의 하부로 들어가 충성을 맹세하며 선배의 모습을 닮아가는 경우가 많다.

겉보기엔 청년이지만 당이나 국회에서 자리 보전에만 급급하고, 인기 영합에만 치중하는 청년도 있다. 몸은 청년이지만 기성 정치를 답습하는 셈이다. 완벽한 대안은 아니라도 최소한 혁신을 위한 마음속 질문은 하나씩 갖고 있어야 하는데 단순히 기존의 정치 문법을 터득하는데만 열중하는 그런 청년들이 분명 존재한다.

이런 환경에서는 청년정치인이 기성정치에 함몰되지 않고 미래 사회가 요구하는 본질적인 정책혁신의 비전과 역량을 갖춘 정치인으로 성장해 가는 경우를 찾아보기는 쉽지 않다.

결국 현실의 청년정치는 '물갈이'와 '인재 영입'이라는 이미지를 위해, 몇몇 개인 청년들을 소비하는 차원에서 끝나는 경우가 많다.

정치권에서 청년의 패기를 보기 힘들고, 능력있는 청년정치인을 찾기 어려운 이유는 인재육성에 인색한 한국 정치의 현실 때문에 기인하는 측면이 있다. 무엇보다 우리는 '청년정치인'을 조직적으로 육성하는 문제에 아무도 관심이 없다. 일본의 경우만 해도 '마쓰시타정경숙' 같은곳에서 체계적으로 청년 정치인을 육성한다.

마쓰시타정경숙은 1979년에 파나소닉 창업자인 마쓰시타가 70억엔을 들여 설립한 일종의 청년 정치인 배출기관이라고 할 수 있다. 35세 이전의 청년을 대상으로 후보자를 뽑는데 합격자는 매년 10명 수준으로 매우 소수에 그친다. 합격생에게는 기숙사가 제공되고, 정치·경제에 대한 폭넓은 교양은 물론 자위대 체험까지 이뤄진다.

03
단순 대표성의 문제가 아니다

한국의 청년정치 문제를 국회 내에서 청년계층을 과소대표 하는 문제로 생각하는 경우도 많다. 통계청이 밝히고 있는 인구통계 추계치로 계산했을 때, 2020년 기준 우리나라의 20~29세 청년 인구는 전체 인구의 약 13~14% 수준이다. 이에 반해 2020년 기준 국회 30대 이하 의원비율은 전체 국회의원의 1%가 되지 않는다. [8]

이러한 계산법을 적용할 경우, 국회에서의 청년 대표성은 상대적으로 현저히 낮게 나타날 수밖에 없다. 청년계층의 목소리가 과소대표 되고 있는 것이다.

---

[8] 전용기(더불어시민당 28세)와 류호정(정의당 27세). 이렇게 전체 300명 의원 중 2명에 불과하다.

한국의 청년 과소대표 현상은 해외 사례와 수치상 비교를 해 볼 때 더욱 두드러진다. 참고로 국제의원연맹(IPU)에 따르면, 한국 국회의 청년 대표성은 세계 최하위 수준이다.

21대 국회의 경우 20~30대 의원은 13명으로 전체 의원의 4.3%에 불과하다. 제21대 총선 당시 40세 미만 유권자가 전체 유권자의 34%에 달했기 때문에 20~30대의 정치 대표성은 매우 낮다고 평가할 수밖에 없다. 단적으로 말해, 한국의 20~30대는 전체 유권자의 1/3을 차지함에도 자신들을 대표하는 국회의원이나 지방의회의원은 거의 배출하지 못하고 있는 셈이다.

이는 세계 주요국들과 비교해서 매우 낮은 수치이다. 국제의원연맹(IPU)에 따르면 전 세계 의회에서 20~30대 청년의원이 차지하는 비중은 17.5%이다.

여기서 노르웨이(34.3%), 스웨덴(31.4%), 덴마크(30.7%), 핀란드(29.0%) 등 비례대표제를 실시하고 있는 북유럽 국가들의 청년의원 비율은 무려 30%에 달한다.

프랑스(23.2%)와 영국(21.7%)은 비례대표제를 운영하지 않음에도 불구하고 20%를 넘고 있다. 우리와 마찬가지로 지역구 선거와 비례대표선거를 혼합실시 중인 이탈리아는 20~30대 의원 비율이 42.7%에 달한다. 반면 한국은 3.7%로 전 세계 110개 국가 중 107위를 차지하고 있다. [9]

청년의 범위를 30대까지 넓혀서 보자면, 40세 미만은 △아르메니아 57.58% △우크라이나 46.34% △이탈리아 42.7% 등의 나라에서 청년 의원이 높은 비율을 차지하고 있음을 볼 수 있지만, 한국은 3.7%로 147개국 중 세계 107위이다.

21대 국회에서 30대 국회의원의 숫자는 11명에 불과하다. 최근 3차례 총선에서 당선된 19대~21대 국회의원 중 청년정치인 현황을 살펴보면 표1과 같다.

문제는 인구대비 청년 의원 수가 늘어난다고 해서 해당 연령층의 다양한 속성을 그대로 대표할 수 있다고 단정 지을 수는 없다. 실제로 수치상의 대표성이 곧 실질적 대표성으로 이어지지는 않는다. 청년 국회의원 당선자 현황을 살펴봐도 20~30대 연령대에 해당하는 청년 국회의원이 청년세대를 대표한다고 보기 어렵다.

---

9   국제의원연맹(IPU)이 2021년 출간한 청년 정치참여 보고서(Youth Participation in National Parliaments)

19대 국회 (2012년)	문대성(새누리당 35세) 김세연(새누리당 39세) 이언주(민주통합당 39세) 김상민(새누리당 38세) 이자스민(새누리당 35세) 이재영(새누리당 36세) 장하나(민주통합당 34세) 김광진(민주통합당 30세) 김재연(통합진보당 31세)
20대 국회 (2016년)	김해영(더불어민주당 39세) 김수민(국민의당 29세) 신보라(새누리당 33세)
21대 국회 (2020년)	장경태(더불어민주당 36세) 배현진(미래통합당 36세) 장철민(미래통합당 36세) 오영환(더불어민주당 32세) 김남국(더불어민주당 37세) 이소영(더불어민주당 35세) 김예지(미래한국당 39세) 지성호(미래한국당 38세) 신현영(더불어시민당 39세) 용혜인(더불어시민당 30세) 전용기(더불어시민당 28세) 류호정(정의당27세) 장혜영(정의당33세)

[표1] 청년 정치인 현황 (괄호 안은 당선 시점의 나이)

청년정치인의 경우, 정당 내에서 오랜 시간 축적한 정치적 역량을 통해 성장한 경우도 있으나, 그보다는 고학력·고소득 전문직 혹은 인지도 높은 방송인 출신 등 경제적 엘리트 계층이 청년 국회의원으로 성공하는 경우가 다수이기 때문이다.

이런 맥락에서 반짝 떠오른 청년 정치인이 일반적인 청년 세대의 사회경제적 요구와 이슈를 대표할 것이라고 기대하기는 상당히 어렵다. 이벤트성 청년정치의 현실을 벗어나야 할 필요는 이런 측면에서도 매우 절박하다.

IPU가 발간한 청년정치 참여보고서

2장

청년과 정치

01
정치에 청년이 필요한 이유

우리 사회는 지금 고령화 문제로 걱정이 많다. 일각에서는 지역소멸을 걱정하기도 한다. 한마디로 온 사회에 '젊은 피'가 부족해지고 있다는 근심이 확산되고 있다.

그러나 이러한 생물학적 젊은 피의 부족보다 더 중요한 문제가 있다. 그것은 다름 아닌 정치의 영역에서 '청년정신'과 '청년의 열정'이 점차 메말라 가는 현실이다.

정치는 청년을 꼭 필요로 한다. 청년은 미성숙한 존재가 아니라 사회 발전과 변화에 큰 영향을 미치는 중요한 주체이기 때문이다.

청년 정치의 미래 기능

　정치의 가장 중요한 기능은 미래 기능이다. 한 사회와 국가가 나아갈 방향에 대한 중요한 결정을 내리고, 그 결정의 단서들을 사회적으로 공유하며, 합의를 이뤄내는 것이 정치의 기능이다.

　청년의 정치 참여는 이런 차원에서 매우 소중하다. 청년은 시기적으로 볼 때, 미래를 준비하는 주체로서 다가올 시간들을 준비하는 과정을 살고 있다. 그래서 지속적인 성장과 학습을 위해 애쓰려는 경향을 띤다. 기술의 발전은 물론, 사회의 변화에 대응하기 위해 끊임없이 자기계발에 힘을 쏟고, 이를 통해 미래 사회의 요구에 부응하려 한다.

　청년은 이미 기술적 발전의 새로운 환경을 체득하고, 기성세대와는 다른 경험과 시각을 지니고 있는 존재이다. 특히 우리시대의 청년은 디지털 능력의 활용이라는 측면에서 이전 세대와 다른 면모를 갖고 있다. 정보의 공유와 협업을 구현하고 혁신적인 프로젝트를 이끌어 나가는 데 주도적인 역할을 할 세대이다.

청년이 변화와 혁신을 자극한다

사회는 끊임없이 변화에 직면한다. 정치는 다가올 미래를 예상하고 선도해야할 책임이 있다. 최소한 변화를 가로막는 걸림돌이 되어선 안 된다.

청년은 그 사회의 사고방식과 생각의 진화를 대표한다. 청년은 사회의 변화를 가장 먼저 체감하는 세대로서 창의성과 열정을 통해 새로운 아이디어를 제안하고, 현존하는 문제에 대한 창의적인 해결책을 통해 기존의 방식에 도전한다.

청년은 자신들이 경험하고 체득한, 새로운 사고방식을 정치권에 자연스럽게 가져오는 역할을 한다. 청년세대가 정치권에 진입하면 자연스럽게 새로운 에너지를 불어넣고 정치영역의 혁신을 자극하는 긍정적인 자극제의 역할을 할 수 밖에 없다.

변화하는 세상을 체득하고 있는 청년의 사고와 발언이 정치권에 끊임없이 충전되어야 하는 까닭은 이 때문이다.

청년의 비판정신! 정치에 꼭 필요하다

청년은 사물을 받아들이는 태도에 있어서도 개방적이고 수용적이다. 이 때문에 다양한 사회현상에 포용적 태도를 취하는 경향이 있다. 이는 문화, 인종, 성별 등의 차이를 존중하고 수용하는 관점으로 이어진다.

청년은 또한 각종 사회 문제에 대해 스스로 참여하고자 하는 열정을 갖고 있다. 청년 시기는 옳고 그름에 가장 민감하고 정의감에 따른 행동열정도 아주 높은 시기이다.

따라서 청년세대는 사회 각 분야의 현상에 대해 특유의 비판정신으로 민감하게 대응한다. 환경, 인권, 불평등 문제 등에서 비판적으로 세상을 바라보고, 스스로 설정한 정치적 가치를 위해 자발적으로 참여하고 노력한다.

따라서 청년 정치의 비판정신이 정치권에 유입될 경우, 정치를 비롯한 공직사회 전체가 좀 더 투명하고, 더 공정해지는 효과를 기대할 수 있다. 원칙에 투철하고 왕성한 비판정신이 넘쳐나는 청년의 목소리가 정치권에서 높아질 경우, 청년들이 갖고 있는 비판적 관점과 책임의식을 사회 전체적으로 불어 넣는 효과

가 발생한다. 청년의 사고방식과 열정이 정치권에 제대로 유입
된다면 정치권 자체가 매우 새로운 분위기를 띨 수밖에 없는 것
이다.

정치에서 청년의 결핍이 초래할 문제

그런데 만약 정치가 청년을 진심으로 받아들이지 못한다면 어
떤 결과가 빚어질까?

빠른 기술과 문화의 혁신적 전개는 생활 방식과 사고체계의
근본적인 변화를 야기한다. 만약 이러한 사회전반의 변화 속에
서 다른 영역과 달리 정치 영역에서만 청년의 역할이 봉쇄된다
면 정치부문만 도전과 창의의 힘이 태동하지 못하는 결과를 빚
게 된다.

정치에서 청년의 사고와 청년정신이 작동하지 못할 경우, 입
법과 정책이 기술과 문화를 따라가지 못하는 결과를 초래하게
된다. 그 결과, 사회는 변화하는데 정치가 그 변화를 수용하기는
커녕 오히려 이를 가로막는 위험한 상황에 빠질 수도 있다.

오늘날 대한민국은 2차 대전 이후 극빈국에서 선진국으로 도약한 유일한 나라로 평가받는다. 산업화와 민주화를 동시에 달성한, 매우 위대한 나라로 일컬어지기도 한다. 경제규모는 세계 10위권, 군사력은 세계 6위권으로 평가 받기도 한다.

하지만, 역동적 기운이 넘쳐나던 대한민국에서 우리는 지금 나태와 안일에 빠져 기득권 사수에만 정신이 팔려 있는 정치의 현실과 직면하고 있는 것은 아닌지 돌아볼 필요가 있다. 정치에서 청년의 역할과 청년 정신의 결핍 문제가 끊임없이 제기 되고 있기 때문이다.

정치의 본질과 청년

시대적 '변화'를 감지하고 이를 사회적으로 수용하는 기능은 정치가 수행해야 할 중요한 역할이다.

청년의 정치 참여는 기존 시스템에 대한 순응이 아니라 변화를 의미한다. 청년이 정치에 참여함으로써 낡은 사고와 체제에 균열을 만들고, 사회는 자연스럽게 변화와 발전을 추동하는 에너지를 얻게 된다.

무엇보다 청년은 다양한 사회문제의 해법을 모색하는 과정에서 주도적 존재로 부상해 정치 리더십의 지속적인 교체와 혁신의 주체가 된다.

결국 청년 세대의 정치 참여는 미래를 책임지고 사회를 더 나은 방향으로 이끄는 데 있어 매우 필수적이다. 청년의 참여를 통해 정치는 스스로를 더욱 다채롭게 만들고 혁신의 속도를 높일 수 있다. 이것은 한 국가가 보다 내실있게 미래를 준비해 나가는 좋은 전략이 된다.

02
청년에게 정치가 필요한 이유

앞서 정치에 왜 청년이 필요한지 살펴보았지만, 정치는 청년에게도 필요하다. 정치와 청년의 관계는 긴밀하다. 정치가 청년을 원하는 만큼 청년도 정치를 필요로 한다.

청년에게 정치란 어떤 의미를 지닐까? 우선 정치 참여는 청년에게 전혀 새로운 교육과 성장의 기회를 제공한다. 청년들은 정치 활동을 통해 사회 문제에 대한 깊은 이해를 얻을 뿐만 아니라, 대중과 소통하며 문제를 해결하는 리더십을 키울 수 있다.

또한 청년들은 사회현상에 대한 정치적 이해와 분석을 통해 새로운 전략적 사고를 계발 할 수 있다. 청년이 정치 영역에서 목소리를 키우고, 미래 가능성의 주역으로 떠오르면 사회 개혁의 주체로 성장해 나갈 수 있다. 이 과정은 청년 자신의 사회를 보는 관점과 사회 안에서 스스로를 움직이는 능력 즉 사회적 능력을 크게 향상시키게 된다.

청년의 계층적 요구를 대변하라

무엇보다 청년의 정치 참여는 청년세대의 정치적 요구를 정치권에 전달하고 압박하는 효과가 있다. 정치는 다양한 사회문제에 대해 해결책을 찾는 플랫폼이다.

따라서 청년들은 적극적인 정치 참여를 통해 자신들의 우려사항이나 관심사항에 직접적으로 접근할 수 있다. 예를 들어, 환경, 교육, 일자리 문제 등 청년 세대가 직면한 중요 문제들에 대한 대화와 정책 제안이 가능해진다. 청년들이 자기들의 문제이기 때문에 더 많이 고민하고, 더 잘 알 수밖에 없는 문제들, 기성 정치가 담아내지 못한 문제들을 정치 아젠다로 승화시킬 수 있는 것이다.

청년은 그 자체로 사회를 구성하는 매우 중요한 세대적 구성요소이다. 따라서 그들의 목소리가 정책의 수립, 집행과정에 반영될 수 있어야 하는 것은 당연한 원칙이다.

　다수의 청년 정치인이 배출되어 정치권 내부에서 청년 계층의 대표성이 강화되면 여러 사회이슈에 대한 청년층의 다양한 시각이 해법과 대안 수립에 반영될 수밖에 없다.
　청년계층이 미래 사회의 모습을 함께 그려나가는 국가적 의사결정 과정에 참여하게 된다면, 이는 청년층의 정치에 대한 신뢰와 효능감이 상승으로 이어지게 되고, 결국 또 다시 청년층의 정치 참여를 확대하는 요소로 작동한다.

　청년들은 지금보다 더 많은 분야에 대해 이야기하고 결정할 권리가 있으며, 정치는 청년의 목소리를 더 경청하고 반영할 의무가 있다. 앞으로 이 사회를 살아갈 시간이 더 많은 세대가 다가올 문제에 대한 결정에 더 많이 참여하는 것이 당연하기 때문이다.

청년의 위기

　그러나 오늘의 청년 세대는 다양한 위기에 직면하고 있다. '청년실업' 문제로 대표되는 청년의 사회 진출과 노동시장 진입의 어려움이 커진 탓에 경제·사회적으로 청년 문제가 주요 이슈로 부상하고 있다. 저출산 고령화 현상에 대한 사회적 근심이 심화되고 있는 현실의 배경에도 청년세대가 처한 이러한 현실적 고민들이 깔려있다고 볼 수 있다.

2014년~2015년 사이에 우리 사회에는 열정페이, 헬조선 등의 단어가 등장했고, 그 이전에는 삼포세대 같은 말들이 유행처럼 번져갔다. 이는 위기에 빠진 청년세대가 방출한 일종의 정치적 구조신호였다.

그러나 우리 사회는 이를 제 때 인식하지 못했다. 불안정에 시달리는 청년의 삶을 개선하기 위한 효과적 경제정책과 더불어 장기적 안목에서 청년의 생활적 요구를 제대로 이해하는 정치에 집중했어야 했지만, 문제의 파악부터 해법까지 제대로 접근하지 못했다.

청년의 위기에도 불구하고, 청년 세대의 정치 대표성이 제대로 정치권에 반영되지 못한다면 청년은 정치를 통해서 자기문제를 해결할 수 있다는 '희망'으로부터 점점 멀어질 수밖에 없다.

3장

보수+청년,
정치발전의
기관차

01
왜 보수는 청년이 약한가?

우리 사회의 청년이 한국의 보수정치에 여전히 매력을 느끼지 못하고 있다면, 그 이유는 어떤 측면에서 분석할 수 있을까?

우선 보수정당은 말 그대로 보수적일 것이라는 고정관념이 있다. 보수 정당은 전통적인 가치와 보수적인 사상을 중시하는 것으로 인식되다 보니 청년 세대의 새로운 가치나 사고방식과 충돌할 것으로 이해되는 경우가 많다.

보수 정당은 디지털 세대의 가치와 문화에 적응하지 못할 것이라는 선입견도 있다. 청년들은 디지털 미디어를 통해 정보를 주고받고 소통하는데 익숙한데 어느 정당이건 이러한 문화에 대한 대응이 미흡하다면 청년계층에게 인기가 있을 리 만무하다. 특히 소셜 미디어가 큰 영향을 미치는 현대에 보수 정당이 이를 효과적으로 활용하지 못하는 경우 청년들 사이에서의 홍보와 소통이 제한될 수밖에 없다.

청년들은 매우 다양한 가치에 대해 개방적으로 생각한다. 사회적 다양성에 대한 관심이 많다. 예를 들어 게임이나 젠더문제 등에서 청년의 이러한 성향 때문에 보수적 가치관과 청년들이 가지고 있는 가치 간에 괴리감이 발생할 수 있다.

예를 들어 청년은 환경 문제 등 새로운 사회이슈에 민감한 편이다. 보수 진영이 정당 환경 및 기후 변화 등에 대한 가치 판단에 소극적이고 적극적인 대응이 다소 미흡한 경우, 청년들과의 간극이 커질 수 있다.

청년들은 종종 사회적 약자와 불평등에 대한 관심이 다른 세대에 비해 관심이 높은 편이다. 따라서 사회적 약자에 대한 태도가 보수적으로 인식될 경우, 청년의 감성적 지지를 얻기 어려울 수 있다.

그런데 한 가지 언급하고 지나가지 않을 수 없는 문제는 그동안 보수 진영이 '보수'에 관심 있는 청년들조차 제대로 흡수하지 못하는 한계를 보여왔다는 것이다.

이는 보수정치권이 실력보다는 주로 친소관계 위주로 인적 네트워크를 구성하는 모습을 보였기 때문이다. 이러한 조직문화 속에서는 정치적 능력이 있더라도 이너서클 안에 들어가지 못한 청년들은 별로 우대받지 못한다. 정치적 판단력과 설득력을 갖춘 인물들은 리더나 권력층에게 쓴 소리를 잘 하는 경향이 있기 때문이다.

보수진영 안에서 주로 성공한 사람들은 성실한 조직원들이었다. 개성이 뚜렷하지 않으면서 눈치껏 행동하는 사람, 평소 성실하진 않지만 윗사람이 무엇을 원하는지 알고 성과를 그럴듯하게 꾸며내는 사람들이 요직을 차지하는 현상이 존재했다.

즉 보수진영은 능력보다는 연고와 줄서기 중심으로 논공행상을 하고, 잠시 동안 그 능력을 빌렸던 사람들은 금방 내팽개치는 경향이 존재했다. 이렇게 되면 많은 인물들이 정치에 환멸을 느

껴 여의도를 떠나거나, 더 좋은 대우를 받기 위한 다른 길을 찾아 나서기도 한다.

이 같은 환경에서는 청년시기에 정치에 몸담은 정치인들이 중년이 되도록 제대로 된 경력을 가질 기회가 제대로 주어지지 않는 결과를 초래하는 경우가 많다. 이들은 밖에서 보기엔 영락없는 정치 낭인이다.

보수, 능력주의의 기지가 되어야 한다

보수 진영은 무엇보다 유능한 사람을 중요한 자리에 올리고 조직을 이끌게 하는 능력주의를 뿌리내리지 못했다. 능력에 따른 보상 문화가 확실하게 자리잡고 있었다면 아마 보수의 혁신은 더 높은 수준에 있었을 것이다.

능력주의의 부재는 보수가 그동안 자기만의 콘텐츠를 만들어 내지 못한 주원인이기도 했다. 진보진영이 이념적 동질성의 울타리 안에서 끊임없이 자신들만의 이상과 스토리를 만들어 내는 동안, 보수는 패거리주의와 나눠먹기에만 익숙했다. 콘텐츠가 필요할 때에는 과감한 베껴쓰기를 감행했다.

보수진영에 내재된, 이러한 관성에 얽매이는 조직 문화는 청년세대가 느끼기엔 이질적이거나 혹은 불공정한 모습으로 비춰질 가능성이 크고, 결국 보수정치판 내부에 적응하지 못하는 결과를 빚을 수 있다.

중세 유럽이 귀족이라는 혈통에 의해 신분제가 운영되었던 것과는 달리 중국과 조선에서는 일찍부터 과거(科擧)라는 시험을 통해 신분을 형성했다. 이 과거제가 가진 장점은 권력의 생물학적 대물림을 어느 정도 견제했다는 점이다.

심지어는 수십 년 간 세도정치를 했던 안동김씨(安東金氏)가문도 과거에 급제하지 못하는 것을 몹시 부끄러워했다. 과거는 단순히 시문 능력을 테스트하는 시험이 아니었다. 유교 사회인 조선에서 엘리트로 살아가기 위해 충분한 성실함과 자질, 그리고 능력을 갖췄음을 입증하는 하나의 상징이었다. 이 시험을 통과하지 못하거나 아예 준비하지 않은 이들은 처음부터 권력 욕심을 버렸다.

정치권의 능력주의는 사회 전체의 능력 중심 문화를 만들어가는 동력이라는 점에서 '능력중심' 조직문화는 보수가 앞장서서 정립해 나 가야할 사회적 가치이다.

연대에 약한 보수

과거에는 '진보는 분열로 망하고 보수는 부패로 망한다.'는 말이 있었다. 하지만, 내가 현실에서 겪어본 보수는 단결과 연대에 매우 약하다. 오히려 선거 때마다 진보는 강한 단결력을 보여준다.

내가 본 보수세력은 상대방을 잘 인정하지 않았다. 보수 정당과 단체들은 극도로 분열하여 진영 전체의 손실을 초래하는 경우가 수없이 많았다. 세력은 물론이요, 실력도 자기가 제일 뛰어나다는 근거 없는 자신감들이 팽배해 있다. 남이 나보다 더 좋은 자리를 갈 것 같으면 끌어내리고 비난하는 습성도 있다.

우리 시대의 보수는 절대 혼자서는 나라를 구하지 못한다는 진리를 곱씹을 필요가 있다. 자기만 잘났다고 믿는 소영웅주의로는 어떤 의미 있는 변화도 촉발하기 어렵다.

이데올로기가 없다

청년 시절엔 항상 고매한 가치를 추구한다. 중년이 되면서 젊은 시절의 이상적인 가치보다는 세속적 가치를 추구하는 경향이 점점 높아지지만 누구나 청년기엔 아름답고 고상한 가치체계를 지향한다. 정치에 있어서 아름답고 고상한 가치란 바로 이념이다.

그런데 우리나라의 보수는 바로 이 지점에서 큰 약점을 갖고 있다. 보수는 제대로 된 인문적 담론이 없다. 거의 모든 시대에 활용되어왔던 오래된 '반공 이데올로기'를 제외하고는 별다른 이념적 콘텐츠가 없다. 즉 지금의 보수는 어떤 철학을 갖고 있는지 정체성이 선명하지 못하다.

자유 시장 경제를 중시하는 고전적 자유주의가 한국의 보수 이념으로 어울릴까? 고전적 자유주의는 지도자에 대한 의심을 바탕으로 만들어진 사상이지만, 한국인은 국가와 공동체가 개인에게 무엇인가 해주어야 한다는 믿음을 갖고 있다. 따라서 뭔가 한국적 정서와 잘 들어맞지 않을 수 있다.

그 보다는 공정한 경쟁과 능력에 대한 정당한 평가가 안정적으로 보장되면서 어려운 계층에 대한 배려가 동시에 존재하는 따뜻한 성장 체제에 대한 가치 정립을 통해 보수의 이념적 대안을 가다듬을 필요가 있다. 보수에도 독자적인 정신문명이 존재

한다는 사실이 확인되어야 청년의 가슴에 불을 지필 수 있기 때
문이다.

02
청년과 보수의 만남은 왜 중요한가?

    청년정치는 진보와 보수를 막론하고 모두에게 중요한 문제이기는 하지만, 특히 '보수'에게 청년정치는 더 각별한 의미를 지닌다고 할 수 있다. 진보와 청년의 만남보다, 보수세력과 청년세대의 결합이 정치적으로 중요한 의미를 지니기 때문이다.

    한국적 전통에서 볼 때, 보수는 청년세대와 그다지 친숙하지 못했다. 보수정당이라고 하면 주로 노년층의 지지가 집중되고 청년은 으레 진보 쪽 계열을 지지하는 것으로 인식될 정도였다.

    이런 상황에서 보수 세력이 청년을 확보하는 것은 미래를 준비하고 지속적인 정치적 영향을 유지하는데 있어서 중요한 전략이 될 수밖에 없다.

보수세력이 청년 세대를 확보하는 것은 일대 사건이 되는 셈이다. 이는 단순히 보수의 선거전략 차원을 넘어 사회적인 안정을 구축하는 데도 상당히 중요한 요소이다.

청년은 새로운 아이디어와 열정을 통해 정치적인 변화를 이끌어내는 주체가 되는데 이들이 보수정치에 참여한다는 것은 보수의 혁신 같은 근본적인 정치지형의 변화를 초래할 수도 있는 중대 사건이 된다.

청년과 보수의 만남이 갖는 위력

사회는 끊임없이 변화하고 있다. 따라서 정치세력은 새로운 시대에 발맞춰 세대교체를 고려해야 한다. 청년은 미래의 리더로서 성장할 주요 주체이며, 그들의 지지를 얻는 것은 보수세력이 오랜 기간에 걸쳐 유지할 수 있는 정치력 구축에 중요한 역할을 한다.

청년과 보수의 만남이 큰 위력을 보여준 단적인 사례로 2022년 3월 9일 실시된 20대 대통령 선거 직전, 국회의원을 한 번도

해보지 못한 이른바 '빵선'의 이준석을 당대표로 선출해내는 이 변을 들 수 있다. 바로 이 사건을 통해 보수진영 전체는 얼마나 문재인 정부를 바꾸고 싶은지에 대한 강한 열망을 드러냈다.

보수 진영은 대선이 있기 8개월 전인 2021년 6월. 민주당 정권으로부터 정권을 되찾기 위한 열정으로 이준석이라는 청년 정치인을 국민의힘 제1차 전당대회에서 당 대표로 선출하는 대 사건을 일으켰다. 당시 이준석의 득표율은 43.82%로 높은 편이었는데 특히 여론조사만을 놓고 보면 거의 60%에 육박하는 지지율이었다.

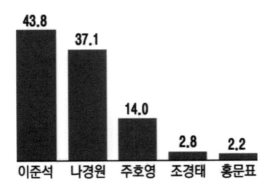

2022년 국민의힘 당대표경선 결과 (종합)

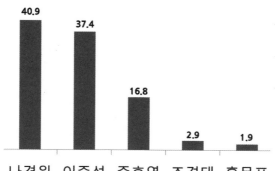

2022년 국민의힘 당대표 경선 **(당원득표율)**

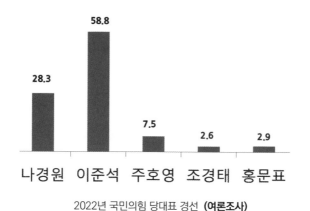

2022년 국민의힘 당대표 경선 **(여론조사)**

이러한 이변의 결과는 8개월 후 정권교체로 나타났다. 보수 진영이 청년세대의 목소리를 적극 받아들여 새로운 체제를 구축

함으로써 보수의 세대교체를 넘어 정권교체로까지 이어지는 결과를 빚어낸 것이다.

보수+청년, 정치발전의 전략이 된다

전통적으로 보수 세력은 지금까지의 관행을 사수하려는 특성이 있는 반면, 청년은 사회적 변화와 혁신에 열려 있는 경향이 있기 때문에, 양자가 체질적으로 부합하지 못한 측면이 있다.

그런데 보수가 청년을 가슴에 품게 된다면 그것은 보수세력이 청년의 새로움에 대한 갈증을 이해하고 수용해 전통과 현대의 조화를 이루겠다는 의지를 보이는 것으로 인식될 수 있는 것이다.

정치는 다양한 의견과 관점이 충돌하고 공존하는 곳인데 이를 위해서는 다양한 세대, 특히 청년세대의 정치적 참여가 필요하다. 보수세력이 청년의 목소리를 허용하고 수용함으로써, 정치적 토론은 더욱 풍성해지고 균형을 이룰 수 있게 되는 것이다.

보수 세력이 청년을 확보하는 것은 단기적인 선거 성과뿐만 아니라 장기적으로 진영의 활력과 정치력을 유지하는데도 중요한 의미가 있다. 청년들이 보수 정당을 지지할 경우, 그들의 가치와 요구를 고려한 정책 제안을 통해 보수 세력은 지속적인 지지를 유지할 수 있다.

결국 청년과 보수의 만남은 사회가 안정을 유지하면서 동시에 발전을 추구하는 중요한 사회전략이 될 수 있다. 청년들은 사회의 변화와 진보를 주도하는 역할을 하며, 보수 세력이 이를 인식하고 수용함으로써 사회적인 긴장을 완화하고 안정을 확보할 수 있다.

보수 세력이 청년을 확보하는 것은 끊임없이 젊은 피를 수혈해서 새로운 아이디어와 가치를 전달하고 받아들이는 과정이 되기 때문에 사회 전체적으로는 안정 속의 진보를 추구하는 좋은 전략이 되는 것이다.

보수정치, 당 밖 청년과 연대하라

한 가지 아쉬운 점은 보수정치가 '당 밖'을 입체적으로 활용하는 능력이 진보에 비해 떨어지는 경우가 많다는 점이다.

진보의 경우 노조와 시민단체 등에 대한 경험과 노하우가 많기 때문에 이런 측면에 매우 강하고 실제로 국회 안의 제도권 정당과 노조, 시민단체간의 역할 분담이 잘 되어 있다. 당 스피커로는 해결할 수 없는 문제들을 시민단체나 NGO가 이슈화하기도 한다. 국가 운영의 철학과 비전을 공유하고, 위기 시에 여러 세력이 힘을 합치는 조언자들인 셈이다.

그러나 안타깝게도 보수사회는 여러 정당 간의 이해관계를 중재할 만한 힘도 덕망도 부족하다. 보수의 이런 약점은 청년에 대한 보수정치의 흡인력과도 연결된다.

보수는 정당 이외의 이해관계자 집단을 경계선 안으로 포용해야 한다. 중도 성향의 노동조합, 종교단체, '아웃사이더' 노릇을 하고 있는 문화인들, 합리적 농업인들을 적극적으로 끌어안아야 한다.

설사 선거에서 떨어진 청년 정치인이라 하더라도, 시민사회로 돌아가 실력을 키우고, 다시 의회 정치나 지방자치단체장 선거에 도전할 수 있는 구조적 여건을 창출하는 방향으로 보수의 전략이 새로 작성되어야 한다.

4장

청년 정치가
어려운 이유 1
(문화적 장벽)

01
정치는 위험한 것인가?

한국 청년정치의 발전에는 여러 가지 장애물이 있다. 우선 가장 먼저 지적할 부분은 정치 참여에 대한 청년들의 부정적인 선입견과 문화적 장벽이다.

한국에서 흔히 '정치적이다'라는 말은 좋은 뜻으로 들리지 않는 경향이 있다. 우리 사회에서는 정당에 참여하는 일을 부정적으로 보는 시각도 존재한다. 누군가 정당에 참여했다거나 정치인으로 규정되면, 그의 언행에 대해 뭔가 다른 의도가 있거나 정치적인 목적이 있다고 생각하기 때문에 무슨 말을 해도 이를 순수한 의도로 받아들이지 않는다.

노령화된 정치 문화도 청년정치 확산의 장애물이다. 한국의 정치권은 폐쇄적이고 고루한 정치문화가 있고, 노령화되어 있어 청년들이 적극적으로 참여하기 어렵다는 평가가 있다. 고루한 정치 문화 속에서 청년들이 자신의 의견을 표현하면 버릇없게 보이는 것이 현실이다.

특히 정당 내부의 고정된 계층구조, 인맥 중심의 정치 활동방식 등도 청년들이 정치 참여를 망설이게 하는 구조적 요인으로 작용하고 있다. 정치는 나이도 많고 일반인이 접근하기 어려운 높은 분들이 하는 것으로 인식되어있는 것이다.

정치에 대한 선입견

청년들은 종종 정치권력에 대한 불신을 품고 있다. 정치인들의 윤리성, 부패 그리고 정치적 결정에 대한 투명성 부족 등의 문제들은 청년들이 정치에 대해 거리를 두는 이유 중 하나이다.

이는 정치에 대한 부정적인 선입견과 청년계층의 낮은 정치 참여로 귀결된다. 청년세대는 40~50대 유권자들보다 투표율이 낮을 뿐만 아니라 적극적으로 정치적 목소리를 내지도 않는다.

(80년대 민주화의 열풍이 지나간 이후, 대학생 집단은 탈정치화의 흐름을 보였고, 청년들의 사회·경제적 지위는 계속 약화되기도 했다.)

이렇게 정치권에 가해지는 정치적 압력 자체가 낮다 보니, 청년 의제는 다른 의제에 비해 자꾸 뒤로 밀리게 된다.

청년들은 왜 정치에 대해 무관심한 경우가 많고 투표율이 낮으며 정치 세력으로서 존재감이 높지 않은가? 청년들 스스로에게 물어보면 '삶의 여유가 부족하다.'는 이유를 많이 든다. 할 일도 많은데 정치에 관심을 두기 힘들다는 것이다.

그러나 대개 젊은 세대의 경우 삶의 여유 이전에 무엇보다 현재의 정치 의제들이 자신과 직접적인 관련이 있다고 느끼지 못하는 것이 실질적인 이유라고 생각된다. 청년들은 자신들의 목소리를 듣지 않는 정치에 실망한다. 이런 실망감 속에서 청년들이 느끼는 정치 효능감은 낮아진다.

이는 정치에 대한 청년의 참여의식을 떨어뜨리는 원인이 되고, 청년 의제의 정치권 입지가 좁아진다. 결국 청년의 정치 참여도가 낮다보니 진정으로 청년을 대변할 정치인의 출현도 점점 기대하기 어려워지는 악순환이 작용하는 것이다.

 청년정치의 활성화란 파편화된 청년층의 의견을 하나로 모아 정치권에 전달할 매개 구조가 정착할 때 이뤄진다. 청년 정치인의 탄생이란 결국 청년 의제를 발굴하고 이를 실현할 젊은 정치인을 육성할 수 있는 구조를 만드는 일이기 때문이다.

청년 정치의 저변 확충

 점점 더 많은 청년들이 정치에 무관심해지거나 혹은 거꾸로 극단적 포퓰리즘의 주장에 경도되는 현상이 나타나고 있다. 이를 극복하고 보다 왕성한 청년의 정치 참여를 끌어내려면 정당 및 정치 참여에 부정적인 문화부터 개선되어야 한다.

 우선 청년들을 위한 적절한 정치 교육과 훈련 플랫폼이 제공되어야 한다. 이를 통해 청년들이 자발적으로 정치에 참여할 수 있는 기회를 확대하고, 그들의 목소리를 존중하며 수용하는 정치 문화가 정착되어야 한다.

 조기에 정치교육을 진행하는 것도 필요하다. 청소년시기부터 시민정치교육을 통해 정치 활동에 대한 실질적 참여를 경험함으로써 청년들이 자신의 문제를 의제화 할 수 있는 주체로서 성장할 수 있도록 해야 한다.

 학교 교육 시스템 내에서 시민정치교육이 활성화되고 정당의 청소년 및 청년 조직이 확대되어야 한다. 각종 사회단체의 청년 활동 등을 통해 선거권자가 되기 이전부터 정치에 대한 관심과 시민으로서의 권리와 의무를 인식할 필요가 있다.

선거권과 피선거권 연령이 낮아진 만큼 중·고등학생의 정책 토론이나 정당 가입 등을 허용해 청년층의 정치 유인 요인을 늘려야 나가야 할 것이다. 이렇게 조기부터 실질적인 정치 경험을 확대하면 청년정치 활성화와 실질적 청년 대표성 향상에 큰 도움이 된다.

　예를 들어, 정당정치가 발전한 북유럽에서는 10대에 당원이 되는 모습을 쉽게 찾아볼 수 있다. 유력 정치인의 절반 이상이 각 정당의 청년당원 출신일 정도다. 일찍부터 정치의 문을 열어 놓고 청년 정치의 기회를 제공하고 있는 것이다.

독일은 아데나워재단, 에버트 재단 등 정당과 연계된 정치재단을 통해 다양한 정치교육 및 연수 기회를 제공하고 있다. 미국은 시민단체가 중심이 되어 정치교육을 실시하고 학교와 연계해 청소년들이 일찍부터 선거정치를 경험할 수 있는 프로그램을 제공한다.

이렇게 선거에 참여할 수 있는 연령을 낮추고 청년을 대상으로 한 정치교육 프로그램을 활성화하며, 다양한 정치참여 경험을 제공한다면 민주시민으로서의 자질 향상과 더불어 청년정치 활성화라는 측면에서도 긍정적인 효과를 줄 것이 확실하다.

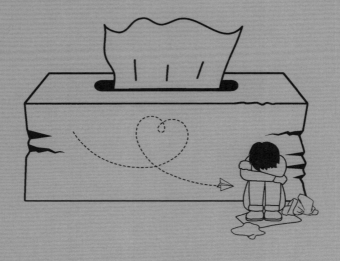

5장

청년 정치가
어려운 이유 2
(선거제도 장벽)

01
포지티브규제의 문제

우리나라에서 청년 정치가 제대로 뿌리내리지 못하는 원인의 하나로 우리나라 선거제도 및 정당체제의 특징을 꼽는 사람들이 많다. 우리나라는 비례의석 비중이 낮고, 성립요건이 엄격한 정당법과 까다로운 선거법을 운용하고 있기 때문에 소수 정당이나 신진 정치인의 출현을 어렵게 하는 제도적 문턱을 형성하고 있다는 것이다.

우리나라의 선거법은 원래 「대통령선거법」 「국회의원선거법」 「지방의회의원선거법」 등으로 각기 존재했지만, 1994년 선거 관련법을 통합하여 「공직선거 및 선거부정방지법」이란 이름으로 공포·제정되었고 2005년 8월 그 명칭이 「공직선거법」으로 변경되었다.

그런데 우리나라 선거법은 법에서 정해놓은 선거운동 방법 외에는 창의적인 선거운동을 할 수 없는 구조를 갖고 있다. 즉 법률에서 허용하는 것을 구체적으로 나열한 뒤 나머지는 모두 금지하는 방식, 이른바 포지티브 규제를 채택하고 있다. 이는 결과적으로 새로 정치권에 진입하고자 하는 청년 정치인에게는 불리한 구조라는 것이 일반적인 평가다.

자유인가 공정인가

선거법이 선거운동 주체들을 규제하는 방식은 자유와 공정이라는 두 개의 큰 가치 중 어디에 중점을 두느냐에 따라 달라진다.

선거운동의 방법, 선거비용의 조달, 선거의 시기 등 세세한 내용을 모조리 법조문으로 미주알 고주알 정해 둔 우리나라와 달리, 미국은 선거운동의 개시 시기 등을 매번 정당 간 자율적인 합의로 결정한다. 심지어 선거 비용의 제한도 없다. 설사 후보자나 소속 정당의 경제적 능력에 따라 선거운동의 기회가 차별적으로 주어진다고 하더라도 그것 역시 공정한 경쟁으로 보는 철학이 깔려있는 셈이다. 소위 말하는 "돈도 실력"이라는 철학이다. 이 때문에 미국의 대통령 선거에서는 우리나라와 비교할 수 없을 만큼 천문학적인 금액이 오고 간다.

미국은 선거비용을 한도 안에서만 지출한다면 대부분의 자유로운 선거운동이 보장된다. 즉 선거운동을 포괄적으로 허용하면서도 총 선거비용에만 제한을 거는 유형이다. 영국과 캐나다를 포함하여 많은 나라들이 이 같은 선거법을 채택하고 있다. 독일 역시 가가호호 방문, 즉 후보자나 선거운동원들이 집을 찾아와 지지를 호소하는 방식까지 허용한다. 선거운동의 '자유'를 보장하는데 초점이 맞춰진 시스템이다.

그러나 우리나라와 일본은 '자유'보다 '공정성'에 무게중심이 있다. 이 때문에 선거의 처음부터 끝까지 철저히 규제하는 선거법을 채택하고 있다. 선거운동의 시기와 방법, 선거운동이 가능한 사람 등을 세세하게 명시 하고 이외의 것은 모두 엄격히 금지하고 있다.

「공직선거법」엔 금지사항이 넘쳐난다. 우리나라 선거법은 선거운동의 정의부터 기간, 선거운동을 할 수 있는 사람과 할 수 없는 사람 선거운동 방식과 장소 등을 매우 세밀하게 규정하고 있다. 선거운동 기간 중 어깨띠나 유니폼을 착용할 수 있는 사람도 일일이 명시해놓고 있다. 법에서 지정한 사람 외에는 후보자의 소품조차 사용할 수가 없고 심지어는 비슷한 옷을 입고 여러 사람이 줄지어 행진하는 행위도 처벌대상이 될 정도다.

(일본의 선거법 역시 우리와 비슷하다. 일반인이 감당하기 어려울 만큼 높은 기탁금과 후보자가 자신을 홍보하기에 턱없이 짧은 선거운동 기간을 설정한 것이 특징이다. 돈 선거를 추방하고 공정성을 기한다는 명목으로 유권자들의 정치활동을 포괄적으로 제한하고 정치인이 유권자를 만나는 기회들을 상당수 불법선거운동으로 규정한다. 호별방문, 서명 운동 인기투표, 음식물 제공 등이 모두 불법선거운동이다. 홍보나 연설회에도 횟수 등의 제한이 가해졌다.)

자율성보다는 통제에 초점을 맞춘 결과 선거운동은 경직될 수밖에 없다. 이렇게 선거법이 정치참여자들의 행동을 강력하게 통제하다보니 대다수의 후보가 비슷한 양상으로 선거운동을 하게 된다. 모든 후보가 비슷하게 문자를 보내고, 벽보를 붙이고, 거리에서 명함을 나눠준다. 출퇴근길 동네 큰 사거리에서 인사하는 모습까지 비슷하다. 당의 로고 색과 기호만 다를 뿐이다.

이런 모습을 보고 유권자들은 큰 차별성을 못 느낀다.

법이 이렇다 보니 청년들이 창의적인 아이디어를 내도 선거에서 할 수 있는 게 별로 없다. 그저 남들이 하는 대로 유세차에서 로고송을 틀고 춤을 추거나 명함을 나누어주는 것 밖에는 할 수 없다.

창의적 선거운동이 불가능한 상황에서는 조직력이 선거의 승패를 좌우한다. 돈과 조직 없이 선거를 치러야 하는 청년들에게는 규제 많은 선거법이 오히려 불리하게 작용하는 셈이다. 참신한 발상으로 선거운동을 할라치면 선거법에 저촉되기 때문이다. 할 수 있는 것들이 뻔하니 이슈를 만드는 것도 쉽지 않다.

사전선거운동 금지

「공직선거법」상 사전선거운동 금지 조항도 청년에게 불리한 요소이다. 현역 정치인들은 어떤 식으로든 자신을 홍보할 수 있지만 청년 도전자들은 사전선거운동 금지 조항에 묶여, 정해진 기간에만 자신을 적극적으로 어필할 수 있기 때문이다.

공직선거법상 선거운동은 선거기간 개시부터 선거 전날까지만 가능하다. 그 외에 행해지는 선거운동은 모두 사전선거운동에 해당해 불법이다.

문제는 사전선거운동의 범위가 매우 넓다는 점이다. 선거법 자체가 선거운동의 정의를 '당선되거나 되게 하거나 되지 못하게 하기 위한 행위'라고 정의된다.

물론 정당의 평상시 활동이나 유권자들의 일반적 의견 표출을 막을 수는 없기에 예외조항을 두기는 했다. (선거에 관한 단순한 의견개진이나 정당의 후보자 추천에 대해서 단순히 지지 및 반대의 의사표시를 하는 것 등은 선거운동이 아니라 정하고 있다.)

'금지'가 중심인 선거제도는 특히 스마트폰 시대가 펼쳐진 2010년 전후로 많은 사람들을 선거법 위반 사범으로 몰아갔다. 문제가 심각해지자 결국 2012년 법이 개정되면서 적어도 온라인상에서는 상당히 한계가 풀리기는 했다.[10]

---

10 「공직선거법」이 사회 변화를 담아내지 못한 단적인 예로 '인터넷 선거사범'의 대거 양성 사례를 들 수 있다. 1996년 국회의원 선거에는 18명의 네티즌이 PC통신망에 정치인 비방 글을 올린 죄로 구속 수사를 받았다. 그 후 '인터넷 선거사범'들이 대거 양산되었는데 2004년에는 그 수가 무려 1,170명에 이르기도 했다.

그러나 근본적으로 선거법 자체가 청년들의 강점인 참신함 신선함을 살릴 수 없도록 되어 있음은 부정할 수 없다. 현 선거법 체제에서는 돈과 조직이 부족한 청년 정치인이 성공하기가 매우 힘들다.

몸으로 때우기, 돈으로 때우기

열정은 넘치지만, 돈은 부족한 청년이 정치를 하려면 아무래도 선거법상의 규제가 없는 것이 유리하다. 돈으로 때우기 보다는 몸으로 때울 수 있기 때문이다.

우리는 선거법 얘기를 할 때, '돈은 묶고 입은 푼다'는 원칙을 자주 얘기한다. 이 원칙이 과연 잘 지켜지고 있는지 검토해봐야 한다. 혹시 돈을 묶겠다는 미명하에 청년의 입도 같이 묶고 있는 것은 아닌지? 살펴봐야 한다.

현행 선거제도 하에서 우리 청년들은 제대로 날개를 펴지 못하고 있다. 청년 정치인들이 유권자와 만날 기회를 비약적으로 넓혀 주기 위한 제도적 장치가 필요하다. 청년 정치인들에게 현실 정치를 직접적으로 경험할 기회를 제공해서 청년 정치인들의 경쟁력을 제고 해야만 진정한 청년정치가 뿌리내릴 수 있기 때문이다.

소선거구제와 청년정치

청년정치의 확장에 걸림돌이 되고 있는 현행 선거제도상의 문제로 소선거구제를 언급하지 않을 수 없다. 우리나라 국회의원 선거와 지방의원 선거에서 대다수의 지역은 소선거구제를 채택하고 있다. 주지하듯이 소선거구제는 한 선거구에서 가장 많이 득표한 한 사람만을 당선인으로 결정하는 제도다.

이런 조건에서 유권자는 1등을 할 가능성이 유력한 거대 양당 후보에게 투표하는 심리가 있다. 이 때문에 양당구도하에서는 청년 정치가 쉽게 뿌리내리기 힘들다.

거대 양당 중에 하나가 당선되는 승자독식 원리의 소선거구 시스템은 청년 정치인들로 하여금 능력을 키우기보다 줄 잘 서는 것에 목숨을 걸게 만들고 있다. '줄서기'에 따라 정치권 입성 여부가 결정되는 셈이다. 실제 우리 정치에는 줄 세우기 문화가 아직 남아 있다. 심하게 말하면 지역의 청년위원장이 당협위원장 비서처럼 활동할 수밖에 없는 구조다.

이에 반해, 비례대표제도는 청년 등 다양한 인구 계층과 사회 집단이 균형있게 대표되도록 하는 데 도움을 준다. 비례대표제가 뿌리내린 북유럽 국가들의 상황을 보면 이 같은 사실이 확실하게 드러난다.

2019년 핀란드의 총선 결과를 보면 만 45세 이하 국회의원 비율이 전체의 48%에 달하였고, 20-30대 의원들의 비율도 전체 19%에 달했다. [11]

정치권 토양 자체를 청년 친화적으로 만들기 위해서 선거제도 개편을 검토해 한다는 목소리는 이런 맥락에서 꾸준히 제기되고 있다.

---

11 2019년 12월. 34세의 청년 산나 마린(Sanna Marin, 사민당)이 핀란드의 세 번째 여성 총리이자 당시 시점에서 세계 최연소 총리에 오르기도 했다. 더욱이 산나 마린 정부에 참여한 5개정당(사민당, 중앙당, 녹색당, 좌파동맹, 스웨덴인민당) 대표들 중 4명이 모두 30대 초반의 젊은 여성들로 채워지기도 했다.

참정권 연령과 청년정치

덴마크, 스웨덴, 노르웨이는 정치권의 투명성으로 많이 알려져 있다. 우리나라는 관용 법인카드로 수년간 샌드위치 같은 개인용품을 구입한 기관장이 야당지도자로 활동하기도 하지만, 북유럽에서는 업무용 카드로 초콜릿을 산 것이 들통 나 정계에서 물러난 정치인이 있을 정도다.

초콜릿 하나로 권력이 날아가는 이러한 투명한 정치체제의 배경에는 북유럽의 뿌리 깊은 의회정치 전통이 깔려있다. 스웨덴은 1809년부터 의회 권한을 대폭 강화하는 헌법을 채택했다. 덴마크는 1848년 프랑스 2월 혁명 이후, 왕이 스스로 정치권력을 내려놓고 의회의 권한을 확장하기 시작했다.

북유럽은 20세기 초부터 비례대표제를 도입하며 사회의 다양한 목소리를 균형 있게 의회에 진출시키고자 노력했다. 이러한 흐름 속에서 시민들은 각자의 이익을 대변하기 위해 헤쳐 모이기를 반복했고, 이것이 다당제의 뿌리가 되었다. 지금도 북유럽은 7~8개의 정당들이 사회 변화를 위해 합의와 연합을 반복하고 있다.

(반면 영국은 현재까지도 비례 대표제를 시행하지 않으며, 보수당과 노동당이라는 양당 구도가 의회를 이끌고 있다. 북유럽과 같은 다당제와는 근본적으로 다른 모양새다.)

북유럽식 정치 제도는 다당제의 이점을 살려 깨끗한 정치체제를 만들어 나간 역사로 볼 수 있다. 정부와 의회의 균형과 견제는 물론이고, 사법부의 독립, 투명한 조세제도의 확립도 이러한 뿌리 위에서 점진적으로 이루어졌다.

18세와 참정권

핀란드는 유럽 최초로 보편적 참정권을 도입한 정치 선진국이다. 핀란드는 1906년 4계급으로 구성된 기존의 신분제 의회를 폐지하고, 지역별 선거구에 기반한 근대적 의회로 전환함과 동시에 유럽 최초의 보편적 참정권-만 24세 이상 남녀 성인 모두에게 투표권과 피선거권을 보장하는 조치-을 부여했다. (당시만 해도 여성에게 선거권을 준다는 것은 매우 충격적인 조치였다.)

일단 24살로 시작된 참정권 연령은 점진적으로 낮아졌다. 2차 세계대전 과정에서 소련과 전쟁을 치른 핀란드는 참전 후 사회 복귀한 청년들을 배려해 1944년 참정권 연령을 21세로 낮추었고 1970년에는 20세로 더 낮아졌다. 뒤이어 1972년과 1976년에 투표권과 피선거권 연령을 현재와 같은 18세로 각각 낮추었다.

현재 핀란드를 비롯한 북유럽의 여러 나라들에서는 만 18세가 되면 전국 단위의 공직 선거(대통령선거, 의회 선거, 지방자치선거, 유럽의회 선거)에 투표할 권리뿐만 아니라 직접 출마할 수 있는 피선거권이 보장된다.

이와 더불어 청년정치에 대한 우호적 인식과 정치문화가 18세 참정권을 배후에서 보완해주는 역할을 했다. 이러한 사회적 인식과 문화 덕분에 많은 현역 정치인들이 10대 후반 또는 20대 초반부터 지방선거에 도전해 지방의회 의원 등으로 활동한 경력을 갖고 있다.

이같은 북유럽 사례는 우리가 참고해야 할 좋은 선례임이 분명하다. 하지만 북유럽 체제를 무작정 그대로 이식하자고 주장할 수는 없다. 국가의 규모나 국토의 크기, 인구수 같은 현실적인 상황이 다르고 정치적 전통도 큰 차이가 있기 때문이다. 무엇보다 지금의 북유럽이 있기까지 적게 잡아도 백 년이 넘는 시간 동안 진통을 겪으며 성장해 온 그들 나름의 민주주의적 전통이 있었다.

6장

청년 정치가
어려운 이유 3
(경제적 장벽)

01
공직선거 기탁금

청년 정치는 꿈만 꾼다고 이뤄지지 않는다. 엄연히 현실적인 조건이 작동한다. 그러나 청년의 경우 아직 물적 기반이 부족한 것이 현실이다. 결국 빈곤한 청년정치는 젊음을 팔아서 정치에 소진하는 양상을 띤다. 그 와중에 선거제도는 청년에게 자금을 비롯한 비용 문제에 전혀 도움을 주지 못한다.

비용측면에서 청년들의 정치권 진출을 가로막는 첫 번째 장벽으로 선거 기탁금 문제를 꼽을 수 있다. 주지하듯이 선거에 출마하려면 기탁금을 납부해야 한다. 지역구 국회의원 선거에 출마하기 위해서는 1천500만 원, 비례대표 국회의원 선거를 위해서는 500만 원을 선거관리위원회에 기탁해야 한다.

기탁금의 명목은 후보 난립을 방지하기 위함이다. 기탁금 장벽이 없다면 누구나 쉽게 이름을 알리고자 출마할 것이 투표용지는 매우 길어지게 된다. 선거판을 혼탁하게 만들기 위해 악의적으로 출마하더라도 막을 수 없다. 공직선거 기탁금은 이렇게 후보난립을 막겠다는 명분으로 만들어졌다.

물론 기탁금을 낸다고 해서 완전히 날리는 돈이라고 볼 수는 없다. 반환규정이 있기 때문에 선거에서 일정 부분 이상을 득표한다면 돌려받을 수 있다. 청년의 경우 약간의 특혜도 제공된다. 공직후보는 선거에서 15% 이상 득표시 전액을, 10~15%의 득표를 할 경우에는 반액을 돌려받는다. 득표율이 10% 미만인 후보는 단 한 푼도 돌려받지 못한다.

이에 더해 39세 이하인 청년 후보자의 경우 유효투표총수의 10% 이상 득표하면 납부한 기탁금 전액을, 5% 이상 10% 미만 득표한 경우 반액을 반환받는다. 그러나 이 정도 배려로는 부족하다.

기탁금의 수준의 적합성에 대해서는 많은 논란이 있었다. 헌법재판소는 출마의 자유를 제한하고 평등권을 위배한다는 이유로 1989년, 국회의원 선거 기탁금에 헌법 불합치 판결을 내리기도 했다.

헌법재판소는 대통령선거 기탁금이 무려 5억 원에 달했던 2008년에도 그 금액이 과도하다고 판단, 헌법불합치 판결을 내렸다. 이후 법 개정을 통해 3억 원으로 내려갔다. 2016년에는 국회의원 비례대표의 기탁금에 대해서도 헌법불합치 판결을 내렸다. 기탁금의 의미는 일정정도 이해하지만, 경제력을 이유로 출마의 자유를 제한해서는 안 된다는 것이 이러한 판결들의 주요 취지라고 할 수 있다.

기탁금을 이용한 출마제한, 바람직한가?

선거 기탁금은 청년들이 출마하는데 있어 무시할 수 없는 부담으로 작용한다. 설사 유능한 인재라 하더라도 경제력이 뒷받침되지 않으면 출마하기가 어렵게 만들기 때문이다.

물론 기탁금제도는 비단 우리나라만의 제도는 아니다. 해외 많은 국가들이 기탁금 제도를 두고 있고 그 수준도 다양하다. 하지만 대부분의 선진국들은 출마의 기회를 기탁금으로 제한하지 않는다. 최소한의 질서 유지 비용만이 있을 뿐이다. 일례로 미국, 독일, 프랑스는 기탁금이 없다. 선거 기탁금을 토대로 한 안정적인 선거보다는 자율성과 피선거권의 가치를 더 인정하는 분위기다.

기탁금이 있지만 거의 무시해도 되는 수준의 기탁금제도를 운영하는 나라도 있다. 뉴질랜드의 선거 기탁금은 약 20만 원 대의 금액이다. 이 정도 수준이면 청년이 기탁금 때문에 선거에 출마하지 못하는 상황이 생길 가능성은 없다.

반면, 일본과 싱가포르는 꽤 고액의 기탁금을 두고 있다. 경제력이 뒷받침되지 못하면 출마의 기회조차 제한되는 수준이다. 고액의 기탁금과 지역구 대물림으로 유명한 일본의 정치는 매우 수동적인 경향을 보인다. 청년 투표율과 청년의 정치에 대한 관심도는 매우 낮은 편이다.

청년정치의 확장 차원에서 1,500만원에 달하는 한국의 기탁금도 거의 부담이 없는 수준까지 낮춰줄 필요성을 적극 고민해봐야 한다. 이는 기성정치가 청년정치의 문턱을 낮추기 위해 많은 고민을 하고 있다는 작은 증거가 될 수 있다. 적어도 기탁금 때문에 출마의 기회 자체가 차단당하는 일은 없어야 하기 때문이다.

02
선거비용과 정치비용

후보는 유권자의 선택을 받아야 하지만 그 전단계가 필요하다. 바로 돈이다. 돈 없이 선거를 치를 수는 없다. 많은 청년정치인들은 돈이라는 거대 장벽 앞에 국민의 선택을 받기도 전에 소리 없이 사라지고 있다. 자신의 비전을 밝히거나, 역량을 펴기도 전에 자금문제에 발목을 잡히는 것이다.

20대 국회의원의 경우 선거비용 상한액이 지역구 별로 약 1억 4천만 원에서 2억 4천만 원에 달했다. 「공직 선거법」에서 선거비용으로 인정되지 않는 비용을 포함하면 그 규모는 더욱 커진다. 후원을 받는다 해도 일반 서민들이 치르기엔 높은 금액이다.

선거운동 기간 동안 문자비용만 수천만 원이 든다. 보통 청년의 연봉에 상응하는 금액이 문자 날리는 일에 사용된다. 얼굴과 이름을 알리고, 공약을 홍보하는 당연한 활동을 청년정치인은 경제적 여건 때문에 하기 어렵다. 종종 무리해서 선거에 나갔다가 이후 빚을 떠안기도 한다. 최악의 상황은 10%가 안 되는 득표를 했을 경우다. 선거가 끝나고 빚더미에 오르면 정치적으로 다음 기회가 아예 사라지기도 한다.

청년 정치인이 출마를 시도 한다는 것은 아주 힘든 일이다. 안정적인 부모의 지원이 없거나, 전문직 종사자로서 안정된 수입이 있거나 본인의 사업체가 있지 않은 이상, 보통의 청년에겐 엄청난 삶의 부담이 아닐 수 없다.

정치와 기회비용

선거비용 이전에 더 큰 문제가 있다. 정치에 참여하면서 포기해야 하는 인생의 다른 기회들 즉 기회비용이다. '정치'에 인생을 걸면서 발생하는 기회비용은 선거 비용처럼 정확히 계산되는 비용이 아니다.

공천을 받기 위해서 최소 몇 년은 정치권에서 활동해야 하는데, 이 과정에서 청년들은 다른 일을 하며 경력과 자금을 축적할 기회와 시간을 상실한다.

선거 출마를 준비하려면 특정지역에서 오랜 시간 정치를 하면서 이른바 지역구 관리비용을 지출해야 하는데 여기에도 엄청난 비용이 소모된다.

지역구 관리는 정치인에게 있어 매우 중요한 일상이다. 문자를 수시로 보내고, 사람을 만나 밥을 먹고 때로 지역 주민과 행사를 조직하기도 한다. 하지만, 경제적 뒷받침이 없는 상황에서는 이런 일들은 고사하고 지역 모임에 참여하기조차 어렵다.

일상 활동에 소요되는 많은 비용을 조달할 방법이 없다는 점이다. 정치인이 되면 특별한 수입이 없기 때문에 이는 거의 밑 빠진 독에 물 붓기 식의 비용지출이 된다.

결과적으로 현 제도 내에서는 정치활동을 하려면 돈이 많이 든다. 자금이라는 장벽 앞에서 청년 정치는 이러지도 저러지도 못하는 상황이 된다.

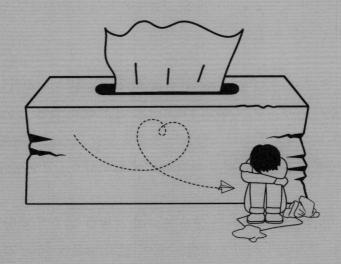

7장

청년을 위한
정치 일자리

01
정치권 청년 일자리의 중요성

청년실업 문제가 심각하다고 한다. 그런데 청년정치 문제를 오랫동안 고민해 본 내 입장에서 보기엔, 심각한 문제가 하나 더 있다. 그것은 우리 '정치권'에 청년이 몸담을 만한 일자리가 현저히 부족하다는 사실이다.

정치권의 청년 일자리는 청년정치의 기반을 확대하는데 있어 중요한 조건이 될 수 있다. 청년이 정치에 뛰어들기 가장 어려운 이유는 결국 '돈' 때문이라고 할 수 있는데, 만약 정치권에 좋은 일자리가 있다면 돈을 벌면서 정치경력을 쌓을 수 있기 때문이다. 국회든 정당이든 정치권 내부에서 일하는 청년들이 많아지면, 경험과 실력을 쌓아 청년들이 정치에 도전할 수 있는 여건이 더 좋아진다. 반대로, 정치권에 양질의 일자리가 없다면 정치권에 유능한 청년 인재 유입도 어렵다고 볼 수 있다.

현재 정치권에서 청년들이 정치권에서 경험을 쌓거나 정치를 현장에서 겪어볼 수 있는 일자리로는 어떤 것들이 존재할까?

청년에게 좋은 일자리라고 하면 대개 적정한 임금, 일과 삶의 균형, 공정한 인사와 승진 기회보장, 자아실현 등이 보장되는 일자리 일 것이다. 그런데 정치권의 일자리들은 이런 기준을 대부분 충족시키지 못한다.

국회 안의 일자리

국회의원회관에는 3,000명 넘는 사람들이 근무하고 있다. (국회의원이 300명이고, 의원실마다 9명씩의 보좌진이 근무한다고 치면 그것만 3,000명이다.) 이렇게 국회의원의 뒤에서 그들을 돕는 보좌진이야 말로 입법부에서 가장 중요한 구성원이라고 할 수 있다.

국회의원은 총 9명의 유급 직원을 고용할 수 있다. 4급 보좌관부터 9급까지 총 8명의 보좌진이 있는데 그밖에 직급이 없는 인턴신분의 직원이 1명 추가된다.

보좌진의 업무는 국회의원이 하는 모든 일이라고 할 수 있다. 정책을 만들고 국정감사를 준비하며 예산을 심사하는 일은 물론이고, 언론홍보활동이나 지역 민원 관리, 의원 수행 등의 업무 등도 수행해야 한다.

의원보좌진은 좋은 직장이라고 보기 힘들다. 일단 고용안정성이 최악이다. 국회의원이 "내일부터 나오지마!"라고 하면 바로 해고 되는 직장이 국회다. 노동법의 보호 같은 것은 별로 기대할 수 없다. 실제로 국회에선 이런 일이 비일비재하다.

국회의원 중에는 보좌직원을 사노비쯤으로 여기는 사람도 많다. 늦은 시간이나 주말을 가리지 않고 업무지시가 내려오거나 주말 아침 골프장 수행을 시키기도 한다.

이런 일은 전적으로 그들에게 인사권이 있기 때문에 가능한 일이다. 국회의원은 기업의 오너 이상으로 절대적 인사권을 행사한다. 월급은 세금으로 주는데, 사람을 아무나 뽑거나 해고할 수 있다는 점은 국회의원이 갖는 매우 강력한 특권이다.

뽑아 쓰고 버리는 인턴

국회의 청년일자리를 논하면서 '인턴'문제를 지적하지 않을 수 없다. 국회에서 인턴제도가 시행된 것은 1999년부터다. 1999년 7월 당시 박실 국회사무총장은 청년들의 실업 압박을 줄이고 정기국회 등 의정활동을 지원하기 위해 인턴 제도를 시행한다고 발표했다. 이에 따라 9월부터 각 의원실마다 1명씩 인턴이 활동하게 되었고 이 제도가 20년 가까이 이어져 오고 있다.

(2017년까지는 각 의원실에서 2명의 인턴을 총 22개월까지 고용할 수 있었다. 여기서 인턴 2명의 계약기간이 22개월인 이유는 퇴직금을 주지 않기 위한 꼼수라는 비판이 일어나고, 인턴 처우에 관한 문제가 지속적으로 제기 되자 국회는 2018년에 인턴 한 자리를 없애고 8급비서 자리를 신설했다.)

국회 인턴은 이름만 인턴이다. 하는 일이 실질적으로 기존 보좌진과 다를 바 없다. 애초에 채용할 때부터 정식 성원으로 생각해 임무가 배정되고 단기간 일할 사람은 뽑지도 않는다.

숙련된 인턴은 법안을 만들거나 상임위원회 질의서를 쓰기도 한다. 권한만 없을 뿐 4급 보좌관이나 5급 비서관과 비슷한 일을 하는 경우도 많다. 국정감사 기간엔 야근 특근이 일상이고 청문회라도 있으면 아예 사생활을 반납해야 한다. 격무에 시달리지만 안정성이나 처우는 좋지 않다. 즉 하는 일은 비슷하지만 월급만 작다. 싼값에 뽑아 쓰고 버리는 말 그대로 '청년 티슈'인 셈이다.

당내 일자리

입법고시나 공무원 시험을 통해 선발되는 국회사무처 공무원을 제외하면 공채를 통한 정규직 일자리는 정당 사무처가 유일하다. 하지만 원내교섭단체를 구성한 거대 정당이라고 해도 당직자 규모는 많아야 200명에 불과하다. 정당법이 정당의 유급 사무직원의 수를 중앙당 100명, 시도당 100명 등 총 200명으로 제한하고 있기 때문이다.

흔히 당료 혹은 당직자라고 부르는 당 사무처 요원은 정치인은 아니지만 그렇다고 일반 회사원이라 하기도 애매하다. 공무원도 아니다.

하지만 당직자는 한국 정치에서 매우 핵심적인 존재들이다. 당직자들이 없다면 한국의 정당정치도 없다. 정치인들은 정치적 이해관계에 따라 정당을 옮겨 다니기도 하지만 당직자는 정당이 평생직장이기도 하다. 당이 무너지면 직장을 잃게 된다. 자신의 이해관계가 전적으로 정당에 달려있다 보니 당직자들은 당 지지도에 민감하다.

당직자는 정당의 일반적인 업무를 수행한다. 사무처 당직자가 하는 일은 진보정당이든 보수정당이든 비슷하다. 중앙당은 조직 관리, 총무, 홍보, 전략기획, 원내 행정 등 업무를 수행한다. 시도당 당직자들은 각 지역 사무실에서 지역 당원을 관리하는 일을 주로 한다. 당원의 입당 탈당 처리나 당원협의회 지원 등의 업무다.

정당에서 특이한 직책은 정책연구소[12] 연구원이다. 이들은 보통의 당직자와는 지위가 달라서 정당법의 인원제한 적용을 받지 않는다.

정책연구소는 우리 정당사에서 늦게 도입되었지만 중요한 임무를 수행하고 있다. 말 그대로 각 정당의 싱크탱크이기 때문이

---

12   2004년 3월 12일 정당법이 개정되면서 국가로부터 보조금을 받는 정당은 반드시 정책연구소를 설치하게 되었다.

다. 여의도연구원 등이 대표적이다. 이들은 여론을 분석하고, 정책을 개발하며 국내외 정세동향을 파악해 당 지도부의 정무적 판단을 뒷받침한다.

열정 페이와 공짜 정치

정치권에 양질의 일자리가 부족한 이유 중 하나는 우리나라 정치가 그동안 '자원봉사'라는 미명하에 무급으로 많은 일들을 처리해 온 관습 때문이다.

우리 정치권은 '자원봉사'라는 이름으로 청년들에게 열정 페이를 강요해 왔다. 청년의 노력에 대한 사실상의 착취를 국가와 국민을 위한 희생쯤으로 포장해왔던 것이다. 예를 들면 청년위원회에서 의미 없는 자리를 나눠준 뒤 당협 위원장이나 국회의원이 수족처럼 청년들을 부리는 일이 많았다.

그런데 정치권이 청년들에게 '공짜 정치'를 강요하는 한 유능한 청년정치인이 성장하기란 매우 어렵다. 신념을 가지고 무엇인가 바꿔보고자 정치에 도전하는 청년들이 현실의 벽에 부딪히고 불공정한 관행에 실망해서 떠나는 일만 반복될 뿐이다.

제1기 청년 국회 보좌진 양성교육 수강생

정치권의 좋은 일자리

결론적으로 우리 정치권에는 좋은 일자리가 별로 없다. 무엇보다 안정적인 일자리가 절대 부족하다. (당 사무처를 제외하면) 직업안정성이 제로에 가깝다. 고용주인 국회의원이 4년 계약직인데 그 밑의 직원이라고 다를 리가 없기 때문이다.

한참 취업 준비에 여념이 없을 20대가 몇 년을 정치권에 투자하기란 쉬운 일이 아니다. 다른 일을 한다면 훨씬 더 좋은 대우를 받으며 성장할 수 있는 인재들이 굳이 정치권에 들어와 열악한 처우와 불확실성을 견디며 버티기란 쉽지 않다. 처우가 좋지 않은데 불확실하기까지 한 곳에 인재가 몰릴 리 없는 것이다. 결국 정치 낭인이 될 위험성을 견디고 버틸 수 있는 사람만이 남는다.

정치는 도박이 아니다. 지금은 청년들은 신념 하나만 가지고 평생을 불확실한 곳에 바치는 시대가 아니다. 보상이 불분명하고 일자리로서 매력이 없는 상황에서 정치권에 인재가 유입되기를 기대할 수는 없다. 정치권의 일자리들이 가고 싶은 일자리가 되지 않으면, 한국정치의 발전을 기대하기 어렵다는 얘기다.

정치권에 양질의 일자리가 없는 상황에서 능력 있는 청년이 정치 분야에 뛰어들 수 없고, 그렇게 애당초 인력풀 자체가 협소한 영역에서 우수한 청년 정치인의 등장을 기대하기란 쉽지 않다.

8장

청년의 의미와
청년정치

01
청년정치란 무엇인가

청년 정치인을 개념 정의하기에 앞서 할 때는 청년이란 과연 어느 연령대를 의미하는지 살펴볼 필요가 있다. 일반상식이라는 점에서 보면, 많은 사람들이 40세 미만 정치인을 청년정치인으로 인식하고 있다. 즉 청년이라고 하면 20~30대를 의미하는 것으로 이해하는 경우가 많다.

그러나 구체적으로 들어가보면 청년의 정의는 나라마다 다르고 해당 법령마다 다르다. 가장 많이 쓰이는 청년에 대한 규정은 국제의원연맹(IPU)이 규정하는 청년의원에 대한 개념 규정이다. 국제의원연맹(IPU)은 청년을 45세 미만 연령으로 규정하고 있다.

더불어민주당과 국민의힘도 45세 이하를 청년으로 정의한다. 더불어민주당은 당원 규정에서 만 45세 이하인 당원을 청년 당원으로 규정하고 있으며, 국민의힘 역시 청년최고위원의 피선거권을 만 45세 미만으로 제한하는 규정이 있다. (이런 맥락에서 정치권의 '청년' 은 우리 사회에서 일반적으로 인식되는 청년에 비해 그 연령 기준이 좀 높은 편이다.)

제2조 당원의 구분 ④ 청소년당원은 만 16세 이상 만 18세 미만인 당원을, 청년당원은 만 45세 이하인 당원을, 노인당원은 만 65세 이상인 당원을 말한다. [13]

제9조 (피선거권) ① 국회의원선거의 피선거권이 있고 후보자등록 신청일 현재 당원인 자는 피선거권이 있다. 다만, 청년최고위원의 경우 선거일 기준 만 45세 미만의 당원에 한하여 피선거권이 있다. [14]

법률적으로도 청년에 대한 일관된 정의는 없다. 청년의 연령을 규정하고 있는 대표적인 법률인 청년기본법과 청년고용촉진특별법에서도 청년의 나이를 다르게 규정하고 있다. 청년기본법은 청년을 19세~34세로 정의한다.

---

13 더불어민주당 당규 제2호 <당원 및 당비 규정> <개정 2022.2.9.>
14 국민의힘 당규, <당 대표 및 최고위원 선출규정> <제정 2020.2.17>

청년기본법 제3조(정의)

이 법에서 사용하는 용어의 뜻은 다음과 같다.

1. "청년"이란 19세 이상 34세 이하인 사람을 말한다. 다만, 다른 법령과 조례에서 청년에 대한 연령을 다르게 적용하는 경우에는 그에 따를 수 있다.

이러한 청년기본법과 달리 청년고용촉진특별법은 청년의 나이를 대통령령 (청년고용촉진 특별법 시행령)으로 규정하는데 대통령령에 따르면 이 법의 적용을 받는 청년의 나이는 15~29세 혹은 15~34세이다.

다른 법률에 따라 그 연령이 정해진 경우 해당 법률의 나이 기준을 따르도록 정하고 있기 때문에 이렇게 이중적인 규정이 가능하다. 이는 동일 법률 내에서도 청년의 연령 기준이 달라질 수 있으며, 법령에 따라 일정한 기준이 적용되지 않고 있음을 보여준다.

청년고용촉진 특별법 시행령 제2조(청년의 나이)

「청년고용촉진 특별법」 제2조 제1호에서 "대통령령으로 정하는 나이에 해당하는 사람"이란 15세 이상 29세 이하인 사람을 말한다. 다만, 법 제5조 제1항에 따라 「공공기관의 운영에 관한 법률」에 따른 공공기관과 「지방공기업법」에 따른 지방공기업이 청년 미취업자를 고용하는 경우에는 15세 이상 34세 이하인 사람을 말한다.

이렇게 혼란스런 청년에 대한 정의는 결국 청년정치에 대한 정의 역시 단일하게 정리 될 수 없음을 보여준다.

이 때문에 청년 정치의 문제는 생물학적 나이보다는 청년 정신의 여부로 보아야 한다는 주장이 제기된다. 빠르게 변화하는 시대에 발맞춰 늘 새로운 의제에 관심을 두는 정치야 말로 진정한 청년 정치라는 주장이다.

이는 매우 경청할 만한 지점이 아닐 수 없다. 생물학적 나이는 젊지만, 그가 가진 정치력의 수준까지 낮아서는 안 된다. 오히려 청년 정치일수록 정교한 정치력을 필요로 한다. 문제는 이러한 숙련된 정치력을 위해선 고도의 훈련과 자기 단련이 필요하다는 점이다.

청년 이지만 숙련된 정치가 필요하다

여의도에는 꿈만 갖고 정치권 주변을 돌아다니는 청년들이 많다. 그러나 많은 경우의 청년 정치는 조직 동원에 머릿수 채우기로 끝나는 경우가 많다. 미디어나 SNS를 통해 자기 이름 알리기 등에만 집착하는 청년 정치 지망생들이 많은 것도 현실이다. 유튜브 등 소셜 미디어 시대가 되면서 상당수 청년들이 보수정당의 주류에 편입하기 위해 자기 이미지를 좀 더 극단적으로 가져가는 경우도 있다.

정작 우리가 지향해야 할 청년정치는 이런 모습이 아니다. 정치는 장기에 걸친 훈련이자 끝없는 자기 단련이다. 어느 날 갑자기 정치력이 출중한 정치천재가 무대에 등장하는 것이 아니다. 어려서부터 여러 사건과 상황에 대응하며 단련된 경험을 바탕으로 중앙 정치에서 활약할 수 있는 리더가 탄생하기 때문이다.

"정치를 젊게 만들자"며 핀란드, 스웨덴, 오스트리아 같은 나라들의 장관, 총리가 30대라는 기사를 종종 본다. 그런데 이런 기사들이 간과하는 한 가지가 있다.

이른바 청년 정치인들이 생물학적으로 나이가 젊더라도 실제 정계 경험은 10년 이상 되었다는 것이다. 뛰어난 연기력을 가진 젊은 배우에 환호하고 보니, 어린 시절부터 아역배우로 다년간 활동했던 경력이 있는 것과 비슷하다.

특히 정당정치가 발달한 유럽에서는 정치 지망생이 고등학교 때부터 정당, 사회단체 활동에 관심을 갖고 도전하는 문화가 어느 정도 뿌리내리고 있다.

결국 우리나라에서도 청년정치의 저변을 넓히는데 있어 중요한 것은 정당의 역할이다. 무엇보다 청년 정치인을 교육하고 발굴하려는 당 차원의 노력이 필요하다.

　정당정치가 발달한 국가들에서는 청소년이나 청년을 대상으로 하는 당 조직이 활성화되어 있으며, 청소년기부터 정당 참여를 통해 정치 경험을 쌓고 이를 기반으로 정치에 입문하는 사례들를 볼 수 있다.

　우리나라도 2022년 정당법 개정을 통해 16세 이상 청소년의 정당 가입이 허용된 만큼 청소년과 청년층을 대상으로 하는 정당 조직을 강화하고 이를 기반으로 당 내에서 청년 정치인을 육성하려는 노력이 필요하다.
　무엇보다 보수정당 내에서 이러한 기반이 갖추어질 때 보다 많은 유능한 청년 후보들을 공천하고 배출할 수 있을 것이다. 이는 장기적으로, 당의 충원구조에도 긍정적인 효과를 볼 수 있다.

9장

정당과
청년 조직

선거 때마다 외부에서 그 때 그 때 '청년정치의 아이콘'을 영입하는 한국의 정치문화와는 달리, 정당정치가 발달한 유럽은 당의 색깔에 맞는 인재를 어린 시절부터 키워내기 위해 다양하고 많은 노력을 기울이고 있다.

일례로 스웨덴 사회민주당은 당내에 '봄메쉬빅'(청년정치학교)을 운영하는데 이는 정치지망생들이 기존 당원들과 교류하며 당의 이념을 공유하고 정치 현장을 익힐 수 있도록 한다. 스웨덴 사민당 출신의 역대 총리는 모두 이 교육기관을 거쳤다.

'여름캠프'도 활발하다. 여름캠프는 청년당원들이 여름휴가 기간 동안 국가 정책과 정당의 역할을 학습하고 토론하는 프로그램이다. 사민당 여름캠프의 경우 1주일동안 청년당원들이 한 장소에서 단체생활을 하면서 다양한 현안에 대해 토론하는 것으로 알려져 있다.

청년정치의 관점에서 무엇보다 부러운 것은 당이 갖고 있는 고유의 청년조직이다. 당내 인재들을 키울 생각도, 기회를 줄 생각도 좀처럼 하지 않는 우리의 모습과는 많이 다르다.

01
독일청년연합과 청년 사민주의자

　정당조직이 발전한 독일의 경우 당내 청년조직이 그 자체로 독자적인 조직기반과 재정, 역사와 전통을 갖고 하나의 독립체로 기능 한다. 앙겔라 메르켈 총리가 소속된 기독민주당/기독사회당(CDU/CSU)의 연합 청년조직 독일청년연합JU [15]이 그렇다.

　JU(독일청년연합)은 1947년 설립된 이래로 16개 연방주에 협회를 두고 약 12만 명이 넘는 구성원을 자랑한다. 유럽 최대 규모이다. JU(독일청년연합)은 정당의 예비조직으로서 청년들에게 당의 정치적 목표를 전달하고 청년세대의 이익을 대변하기

15　JU: 독일청년연합(Junge Union Deutschlands)

위해 활동한다. 교육부터 기후, 에너지, 국제관계, 국방, 연금 등 폭넓은 분야를 모두 망라하는 다양한 정책 의제들을 다루기도 한다.

독일에서 제일 유명한 정당 중 하나인 사회민주당(SPD) 역시 유소스JUSOS [16]라는 100년 이상 된 청년조직을 갖고 있다.

JUSOS는 당과 흥망성쇠를 함께 겪어왔다. JUSOS의 회원수는 대략 7만명으로 알려져 있다. 독일의 16개 주(州)에 지역 조직을 갖추고 350개 이상의 지역 조직을 갖추고 있다. 각 지역조직 별로 학생 및 직업수련생을 위한 조직이 있어 교육세미나 지원 등의 기능을 담당하고 있다.

녹색당 역시 16개 주에 협회를 두고 1만6000여 명의 회원으로 구성된 '녹색 청년'이라는 조직이 있다. 이 역시 1980년대부터 이미 학교 내 학생 정치그룹으로 활동을 시작한 조직이다. 초창기 독립적인 협회로 활동하였으나 수년간의 토론 끝에 1994년 녹색당 내 조직으로 전환되었다. 독자적인 역사를 갖고 있는 셈이다.

이 조직은 대체에너지 전환, 인종 및 성차별 반대, 반핵정책,

---

16   JUSOS: 청년사민주의자(Jungsozialisten ind der SPD)

급여 및 실업수당 인상, 자동차 없는 도심 등 급진적인 목소리를 내고 청년, 교육, 민주주의, 반파시즘, 기후·환경, 페미니즘, 성적 다양성, 사회복지 분야에서 녹색당보다 더 과격한 정책을 제안하는데 심지어는 마약의 비범죄화를 요구하는 목소리를 내기도 한다.

이러한 독일의 당내 청년조직들은 물론 선거 때는 당의 승리를 위해 선거운동에 앞장서기도 하지만, 기본적으로 우리나라처럼 중앙당의 들러리를 서는 조직이 아니라 자체적인 정책 개발이나 당원 교육 등을 추진하며 하나의 독립된 협회로서 활동한다.

청년들은 JU 혹은 Jusos 같은 청년조직에 만 14세부터 가입해 활동하며 스스로를 훈련시키고, 당의 가치를 체득해 나간다. 20대에 당선돼 정치인이 된다고 해도 '반짝스타'는 아닌 것이다.

나치의 악몽이 있는 독일의 정당들은 여야를 불문하고 청소년기부터의 민주시민 교육에 각별하다. 동방정책으로 유명한 빌리 브란트 전 총리, '독일 통일의 아버지'로 불리는 헬무트 콜 전 총리도 청소년기에 정치에 입문했다. 메르켈 총리도 18세에 자유독일청년단의 일원으로 정치에 입문했다.

02
마크롱과 함께 하는 젊은이들

프랑스 정치권에서 마크롱의 등장과 함께 주목받은 청년조직은 〈전진하는 공화국〉당 [17]과 연계된 청년 조직인 '마크롱과 함께하는 젊은이들 [18]이다.

이 조직은 당 지도부가 하향식으로 만든 조직이 아니다. 처음에는 마크롱의 대선 출마를 지지하는 청년들의 모임으로 시작됐다. 2015년에 4명의 사회당 청년조직원들에 의해 출범했다. 이후 독립적인 조직으로 운영되다가 마크롱 대통령 당선 이후 당

---

17 전진하는공화국의 프랑스어 표기는 La République En Marche (레퓌블리크 앙 마르슈) 이며 약칭 LREM으로 표기하기도 한다.
18 Les Jeunes avec Macron, 약칭 JAM으로 표기한다.

내로 편입되었다. [19]

JAM이 정관에서 밝힌 조직의 목적은 이렇다.
1) 청년의 삶의 개선을 위한 조직
2) 민주주의 원칙을 수호하기 위한 조직
3) 유럽의 청년정치를 장려하는 조직
4) 선거에서 청년 대표성을 향상시키기 위한 조직

이 조직이 갖는 특징적 요소는 LREM 소속으로 청년 후보를
여러 단위의 선거에서 공천할 수 있는 권한이 있다는 사실이다.
바로 이 부분 때문에 JAM은 청년의 정치참여를 장려하고, 청
년들을 위한 정책을 작성하는 것 이외에도 직접적으로 청년의
정치적 대표성 강화에 기여하는 측면이 있다.

_____

19 2018년 3월 LREM은 JAM을 당의 청년 조직으로 공표했다.

굴복하지 않는 프랑스

프랑스의 청년 정치조직과 관련 또 하나의 참고사례는 '굴복하지 않는 프랑스LFI' 이다. 2016년 2월 쟝-뤽 멜랑숑(Jean-Luc Melenchon)에 의해 창당된 '굴복하지 않는 프랑스'[20]는 사민주의, 좌파정당을 표방하며 2017년 대선과 총선에서 돌풍을 일으켰다.

멜랑숑 후보는 대선 1차 투표에서 20%에 가까운 득표를 했고 총선에서는 제4당으로 떠올랐는데 18세에서 24세 사이 청년 유권자의 약30%가 멜랑숑 후보에게 투표한 것으로 조사될 정도로 청년층의 지지가 강한 정당이다.

이는 굴복하지 않는 프랑스가 특별히 청년 중심의 정책을 공약해서라기 보다는 인터넷 중심의 캠페인 방식과 연관이 있다고 볼 수 있다.

세계 최초로 홀로그램 기술을 이용해서 파리와 리옹에서 동시에 타운홀 방식의 대중 캠페인을 벌이고 이를 다시 유튜브에 중계하고, 멜랑숑 후보가 주인공인 인터넷 게임을 만들어 캠페인에 활용하는 등 뉴미디어에 익숙한 청년 세대들에게 쉽게 다가

---

20 La France Insoumise, LFI

갈 수 있는 방식의 캠페인을 했다.

 2017년 총선에서 당선된 17명의 〈굴복하지 않는 프랑스〉당의 하원의원 중 5명이 40세 이하 이다. 일례로 아드리안 꺄뜨낭스 의원은 1990년생이다.

 그는 '프랑스전기(EDF)'에서 고객응대부서의 직원으로 일하던 중 2013년 26세 이하 피고용인의 해고를 유용하게 한 것으로 논란이 되었던 '첫번째 고용계약법'에 대한 반대를 계기로 정계에 발을 들여 놓은 인물이다.

 꺄뜨낭스는 정계입문 초반부터 멜랑숑과 가까운 관계에 있었고 〈굴복하지 않는 프랑스〉 창당과정에도 함께했다.

 굴복하지 않는 프랑스의 청년조직인 '굴복하지 않는 젊은이들' [21]은 당이 창당된 해인 2016년 11월에 소셜네트워크 조직으로 먼저 만들어졌다.

 이렇게 전통적으로 좌파의 영역으로 여겨지던 노동운동과 새로운 세대의 정치적 목소리를 반영하는 것을 함께 추진하는 것

---

21 Jeunes Insoumises

이 굴복하지 않는 프랑스당의 주요 동원전략으로 보여 진다.

굴복하지 않는 프랑스당과 마찬가지로 〈굴복하지 않는 젊은 이〉의 가입도 온라인에서만 이루어지고, 당비 납부의 의무가 없다. 심지어 다른 당에 대한 지지를 제한하지도 않는다.

03
한국 청년 정치조직의 현실

유럽에서는 많은 청년들이 일찍부터 정치에 참여한다. 정당의 청년 조직은 청년의 정치 참여를 위한 실질적인 통로의 역할을 다하는데 주로 15세부터 29세까지의 청년들이 가입한다.

청년당원들 중 일부는 20대 초반부터 지방자치 선거에 도전해 활동하면서 다양한 경험을 쌓고 정치적 리더십과 정책 및 소통 역량을 배양한다.

이 과정에서 역량을 인정받은 청년정치인들은 중앙의회에도 진출하는데 이 때 소속 정당이 총선에서 승리하거나 정당 간 협상을 통해 연립정부(聯立政府, Coalition Government, 연정)

가 결성되는 경우, 해당 청년 정치인이 장관으로 입각해 대중의 급격한 관심을 모으는 패턴을 보이기도 한다.

최근의 사례를 들자면 2024년 1월, 34살의 나이로 프랑스의 총리가 된 가브리엘 아탈 (전 교육부 장관)을 꼽을 수 있다. 아탈 총리는 1984년 37세의 나이로 임명된 로랑 파비우스 총리의 기록을 깨고 제5공화국 최연소 총리가 됐다.

1989년생인 아탈 총리는 어릴 때부터 정치활동을 해왔다. 학창 시절 최초고용계약법에 반대하는 캠페인을 벌였고, 열일곱 살이 되던 2006년엔 사회당에 입당했다.
파리 정치대학 출신인 그는 2012년 보건부 장관 밑에서 연설문 작성 등의 임무를 수행하다가 2014년엔 지역 시의원에 출마해 당선되기도 한다.

그는 2016년까지는 사회당 당원이었지만, 이후 마크롱 대통령이 창당한 전진하는공화국(LREM)에 합류하면서 정치인생 최대의 선택을 하게 된다.

2018년 당 대변인을 거쳐 마크롱 대통령이 재선에 성공한 뒤인 2022년엔 공공회계장관과 교육부 장관직을 맡았다. 아탈은

이 때 5개월간 교육부 장관을 받아 교육 혁신을 강하게 밀어붙였고, 마크롱의 신임을 얻어 결국 34살의 나이로 총리의 자리에 올랐다.

예산도 없는 청년위원회

그러나 한국의 모습은 이와 많이 다르다. 대중정당이라기보다 선거정당의 성격이 강한 한국의 정당들은 선거 때 당선 가능한 엘리트를 영입하는데 적극적일 뿐, 당내에서 청년정치인을 꾸준히 양성하는 문제에는 상대적으로 별 다른 의지를 보이지 않는다.

이 때문에 결국 당내 청년관련 부서들이 유명무실 해지는 경우도 많다. 각 당에서 운영중인 청년관련 조직은 대략 3개 정도로 구분할 수 있다. 당 사무처 내 청년국, 정책연구소의 청년정책 파트, 그리고 청년위원회다.

그러나 사무처 청년국이나 청년위원회 같은 청년관련 당내 조직과 기구들은 고정된 인력과 예산을 배정 받지 못하고 찬밥신세로 전락하는 경우가 많다. 당 마다 차이가 있지만 어떤 당이든 청년위원회가 장기적으로 청년들을 교육하고 길러내는 시스템이라고 보기 어렵다.

해당 정당이 청년분야에 얼마나 투자하는지는 실제로 인력과 예산이 얼마나 배정되는지? 를 보고 판단할 수 있다. 예를 들어 당에 청년위원회가 설치되어 있는데 실제로는 상근 당직자와 예산이 배정되지 않는 상태라면, 그런 청년위원회는 유망한 정치인에게 타이틀을 주기 위한 위원회로 끝나거나 단발성 이벤트를 열고 위원회 소속 청년들을 동원하는데 치중할 수밖에 없다.

오랜 역사적 전통 속에서 청년정치의 뿌리를 깊이 내리고 있는 유럽의 정치를 보며 부러운 생각이 드는 이유는 이 때문이다.

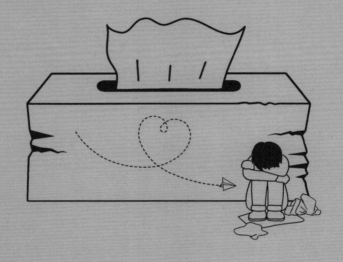

10장

청년 정치의
성공사례

영국 옥스퍼드 사전은 '2017년 올해의 단어'로 유스퀘이크를 선정했다. 유스퀘이크는 젊음(youth)과 지진(earthquake)의 합성어로 1960년대 학생들과 젊은이들 사이에서 일어난 일련의 급진적인 정치적·문화적 격변으로 정의된다.

1965년 당시 보그의 편집장 이던 다이애나 브리어랜드가 기성 권력에 저항하는 젊은이를 가리켜 처음 사용한 단어다. 청년들이 이끄는 사회, 정치적 격변이 마치 지진과도 같다는 뜻이다. 이 단어가 2017년에 다시 등장한 것이다.

청년의 반란, 유스퀘이크

실제로 2017년은 세계를 깜짝 놀라게 한 젊은 정치인들이 다수 급부상했다. 5월에는 마크롱이 역대 최연소 프랑스 대통령에 당선되었고 아일랜드에선 리오 버라드커(38살)가 최연소 총리로 취임했다. 10월에는 오스트리아의 세바스티안 쿠르츠(31살)가 당선되었다.

이어서 뉴질랜드에서는 1980년생인 재신다 아던(Jacinda Ardern) 노동당 대표가 당시 37세의 나이로 총리 자리에 올랐다. 아던은 뉴질랜드의 세 번째 여성 총리이기도 했다. [22] 바야흐로 전 세계적인 '청년 지도자의 시대'가 열렸다는 말이 나왔다. [23]

22 이보다 2년전인 2015년 11월 캐나다에서는 43살의 쥐스탱 트뤼도 자유당 대표가 총리로 취임했다.

23 비슷한 시기에 아이슬란드 야콥스도티르 총리(43살), 그리스 치프라스 총리(41살)도 취임했다.

01
마크롱

에마누엘 마크롱(Emmanuel Macron)은 1977년생으로 파리 남서부의 아미엔 (Amiens)에서 태어나 키르시 대학과 나티테레 대학에서 철학을 전공했다. 나중에는 파리 정치학원(ENA)에서 행정학을 공부했다.

마크롱은 정치권에 진입하기 전에 투자은행에서 경력을 쌓았다. 로스차일드 & 컴패니에서 일하며 금융 및 경제 분야에서 경험을 쌓았는데 이 경험이 그의 경제적 관점과 정책노선을 형성하는데 영향을 미친 것으로 보인다. 마크롱이 이렇다 할 금융계 경력도 없이 로스차일드에 입사할 수 있었던 것은 막강한 인사들의 추천 덕분이었다. 크고 작은 인수합병을 성공적으로 이끈 그는 고속 승진을 거듭했고 나중에는 자신이 직접 코치 회사를 설립해 사업가로 활동했다.

2012년 마크롱은 인생의 새로운 도전에 직면했다. 프랑수와 올랑드 당시 사회당 대선 후보가 그에게 경제 참모 자리를 제안했던 것이다. 당시 사회당 소속이던 마크롱에게는 더 없이 좋은 기회였다. 마크롱은 2014년 경제, 산업 및 디지털 분야의 장관 겸 부총리로 임명되었다. 이때 그는 프랑스 경제의 구조 개혁과 고용 문제 등에 대한 정책을 주도하며 대중의 관심을 끌기 시작한다.

그리고 2017년 대통령 선거에서 마크롱은 25대 프랑스 대통령에 당선된다. 당시 나이 39세. 프랑스 역사상 가장 나이어린 대통령이었다.

마크롱이 프랑스 대통령에 당선된 데에는 의심할 바 없이 그의 품성과 리더십, 경제 개혁을 강조하는 정책노선, 그리고 정치적 스트레스에 임하는 성숙한 태도가 큰 역할을 했다.

마크롱은 프랑수아 올랑드 정부에서 경제장관을 맡고 있던 2016년 6월, 파리 근교 몽트뢰유에서 노동법 개정에 반대하는 노동자들에게 계란 세례를 받았다. 당시 그가 추진했던 노동법 개정은 주 35시간 근무제를 완화하고 실질 근무시간을 늘리는 내용을 담고 있어 노동계의 강한 반발을 샀던 것이 이유였다. 마크롱은 이 때 부터 샹젤리제 거리 등 관광지구 상점에 대한 일요일·심야 영업 제한을 폐지하고, 친기업 정책을 펴는 등 집권 사회당의 우클릭을 주도했다.

마크롱은 심지어 거리에서 그의 정책에 반대하는 시민에게 뺨을 맞은 적도 있는데 그럴 때 마다 오히려 "할 말이 있으면 와서 하게 하라"며 태연한 모습을 보이며 국민적 신뢰를 얻었다.

프랑스의 엘리트주의

그러나 프랑스 사회에 내재한 엘리트주의가 마크롱의 초기 성공요인으로 크게 작용했음을 부정할 수 없다. 프랑스의 교육제도는 상당히 평등한 것으로 알려진 측면이 있지만 실상은 다르다. 프랑스에는 엘리트 교육기관 그랑제꼴이 존재한다. 그랑제꼴은 말 그대로 최고의 학교라는 뜻이다.

그랑제꼴에 진학하기란 쉬운 일이 아니다. 고등학교를 졸업한 최상위권 학생들이 일반 대학에 진학하지 않고 2년간 별도의 교육과정을 추가로 이수한 뒤, 각 학교가 평가하는 다양한 시험을 통과해야만 입학할 수 있다.

한 해 그랑제꼴에 입학하는 학생은 전체 수험생의 상위 3% 내외로 알려져 있다. 그야말로 소수정예 엘리트의 양성기관인 셈이다. 일단 그랑제꼴을 졸업하기만 사회를 이끌어가는 엘리트층으로 인정받으며 탄탄대로를 걸을 수 있다.

프랑스의 교육 제도는 학생들을 구분해 상위권에게 그들만의 리그를 보장한다. 대통령이나 국회의원, 기업 임원진 등의 학벌을 놓고 보면 프랑스의 엘리트주의가 결코 약하지 않다.

프랑스에서 1958년 제5공화정이 출범한 이래 마크롱까지 모두 여덟 명의 대통령을 배출했는데, 니콜라 사르코지와 샤를 드골을 제외 하면 나머지는 모두 그랑제꼴 출신이다. 고위 공무원 역시 절대다수가 마크롱과 같은 파리정치학교-국립행정학교 출신이고 파리 증권거래소에 상장된 대기업 중 시가 총액 상위 기업의 CEO들 역시 그랑제꼴 출신들이 다수를 점하고 있다.

마크롱의 대통령 도전이 가능했던 이유는 젊은 나이에 세계 금융시장을 좌우하는 대기업에 입사해 정, 재계 인사들과 친분을 쌓고 이를 기반으로 젊은 나이에 경제부 장관으로 임명되었기 때문이다. 그가 그랑제꼴 출신이었기 때문에 가능한 일이었다.

마크롱은 경제부 장관에 입각하자마자 기업 규제를 풀고 노동 시간과 해고 규정을 완화하는 친기업적 개혁을 주도하며 성향을 드러냈는데, 이후 사회당이 부진한 모습을 보이자 아예 새 정당을 만들어 완전히 새로운 정치지형을 창조해내고 말았다. (이후 법인세 인하와 노동유연성 확대 등 더 강력한 경제 노선을 추구했다.)

결선투표와 공공의 적

　때마침 극우정당의 선전으로 불어 닥친 시민들의 불안감도 마크롱의 당선에 큰 역할을 했다. 당시 국민전선의 마린 르펜은 이민 문제에 강경대처를 촉구하며 우익 성향의 대중들로부터 큰 인기를 끌었다.

　하지만 반대편에서는 '어떻게든 극우정권만은 막아야 한다'는 또 다른 결집을 만들어냈다. 이런 움직임 속에 정계와 언론계의 엘리트들이 마크롱에게 모여들기 시작했다. 대선 1차 투표에서 약 24%의 표를 얻은 마크롱은 이어진 2차 투표에서 마린 르펜을 상대로 66.1%의 압도적 지지를 얻는다. 수치상으로는 마크롱의 압승 같지만 자세히 보면 자신의 독자적 승리라기보다는 반 르펜 표들이 마크롱 쪽으로 집결한 효과가 컸다고 볼 수 있다.

　이렇듯 마크롱의 승리 이면엔 단지 능력 있는 청년의 승리라고 단언하기 어려운 몇 가지 요소가 있다. 엘리트 출신이면서 마린 르펜 이라는 강적의 등장이라는 정치적 상황이 크게 작용했다.

02
트뤼도

1971년 생 쥐스탱 트뤼도(Justin Trudeau)는 불과 마흔셋에 총리가 된 캐나다의 젊은 정치인이다.

쥐스탱 트뤼도의 정치 역정을 설명하면서 아버지 피에르 트뤼도를 빼놓을 수 없다. 그는 두 번이나 총리를 역임한 바 있던 피에르 트뤼도의 첫째 아들이었다. 쥐스탱은 아버지 트뤼도의 총리임기 중에, 오타와에서 태어났기 때문에 어린 시절부터 대중의 시선을 받으며 자랐다. 쥐스탱을 부르는 경호실의 경호용 코드네임은 '메이플3'였다고 한다.

하지만 청년 쥐스탱은 처음부터 정치인의 길을 걸은 것은 아니었다. 쥐스탱은 맥길대학교에서 문학을 전공했고, 브리티시컬럼비아대학(UBC)에서 교육학 학위를 받았다. 그리고 교사의 길을 걷기 시작하며 정치와는 결이 다른 인생을 살았다.

트뤼도가 정계에 소환 된 것은 아버지의 사망 이후였다. 2000년, 아버지 트뤼도가 향년 80세로 세상을 떠나자 쥐스탱은 아버지의 장례식에서 추도사를 읽었고 그 장면이 캐나다 전역에 중계됐다.

아버지의 장례식에서 각국 지도자들을 조문객으로 맞으며 트뤼도가 보여준 성숙하고 차분한 모습과 장례식에서의 감동적인 추모사는 국민적 주목을 받기에 충분했다.

결국 추모사로 인해 많은 캐나다인들이 차기 총리 자리로 쥐스탱을 점찍는 계기가 되었고 그는 정계 진출 권유를 받게 된다.

결국 아버지의 뜻을 이어받은 쥐스탱은 2012년 결국 당대표 선거 출마를 선언했고 2013년, 압도적인 표 차이로 당 대표가 됐다. 그리고 2015년엔 자유당의 총선 승리로 역사상 두 번째로 젊은 캐나다 총리가 된다.

아버지의 죽음 이후, 본격적인 정치인의 길을 시작한 쥐스탱이 자유당 당수로 취임할 당시 자유당은 입지가 상당히 좁아진 상태였다.

그러나 2011년 총선에서 겨우 34석을 얻으며 고전하던 자유당은 매력적인 외모와 뛰어난 언변으로 호평 받던 쥐스탱 트뤼도를 당의 얼굴로 내세우면서 당세가 급격히 상승하게 된다.

2015년 총선에서 트뤼도가 이끈 캐나다 자유당은 유권자의 향수를 자극하는데 성공, 전체의석의 절반이 넘는 184석을 얻으며 과반을 넘기는 큰 승리를 거둔다.

03
저신다 아던

1980년 생으로 뉴질랜드 총리가 된 저신다 아던(Jacinda Ardern)은 경찰관이던 아버지와 급식노동자인 어머니 사이에서 태어나 평범한 공립학교를 다녔고 뉴질랜드 사람들도 잘 모르는 지방대학교를 졸업했다.

아던은 고등학생인 17살 때 노동당에 입당해 청년 당원으로 활동하면서 국회의원 선거운동원 등을 하며 정치를 배웠다. 대학 재학 중에도 활발한 학내 활동을 벌였고 졸업 후에는 뉴욕, 런던, 요르단은 물론 중국과 한국 등을 방문해 청년 정치인들을 만나고 진보단체 활동을 하는 등 경험을 쌓았다.

이후 뉴질랜드 총리의 정책연구원으로 정계에 입문해 토니 블레어 전 영국 총리 내각에서 정책보좌관을 지냈다. 뉴질랜드 의회에는 2008년 진출했다. 2008년 '국제사회주의청년연맹' 회장으로 당선되었고 얼마 후 28살의 청년 국회의원으로 당선되어 신선한 바람을 일으켰다. 총선에서는 대학이나 직업 교육 등 3차 교육 무상화, 낙태 합법화, 이민 축소, 빈곤 아동 구제 등을 주장했다.

청소년 시절부터 갈고닦은 아던의 정치력은 국제적인 감각과 만나 급속하게 노동당의 차세대 지도자로 부상하는 힘이 되었다. 사람들과 공감하고 소통하는 능력, 그리고 모든 영역의 이슈에 대해 늘 연구하고 전문가에게 조언을 청하며 합리적인 결정을 내리는 태도를 갖춘 아던은 대중적 지지는 물론 당내에서도 신뢰를 확보해나갔다.

2017년 3월, 37살의 나이로 노동당 부대표에 선출된 아던은 5개월 뒤 앤드루 리틀 당대표가 24%라는 사상 최저 지지율에 대한 책임을 지고 사임하자 당대표 자리를 물려받게 되었다. 37살의 여성 아던이 당대표를 맡자마자 노동당 지지율은 43%로 치솟았다. 10여년 만에 처음으로 보수정당 '국민당'의 지지율을 앞지른 것이다.

이후 치른 총선에서 2008년 이후 최대 의석을 확보해 원내 제 2당이 된 노동당은 아던을 앞세워 녹색당 등과 연합을 이뤄냈다. 총선에서 가장 많은 의석을 차지한 국민당을 야당으로 밀어내고 연립정부를 구성한 것이다.

　집권 국민당과 제1야당인 노동당이 모두 과반수 의석을 얻지 못하자 제3당인 뉴질랜드 제일당이 노동당을 지지하면서 노동당 대표인 재신다 아던이 총리가 되는 상황이 발생한다. 이로써 뉴질랜드 정계에 9년 만의 정권 교체가 이뤄진다.

04
쿠르츠

1986년 생, 세바스티안 쿠르츠 (Sebastian Kurz)는 불과 서른한 살의 나이로 오스트리아의 총리직에 오른 인물이다. 쿠르츠는 수도 빈에서 태어났다. 쿠르츠가 태어난 지역은 빈에서도 주로 노동자들의 거주구역으로 꼽히는 서민들의 마을이었다고 한다. 그곳에서 엔지니어인 아버지와 선생님인 어머니 사이에서 태어난 쿠르츠는 17살에 보수정당인 국민당의 청년당원으로 처음 정계에 진출했다.

초기부터 수려한 용모와 참신한 이미지로 주목을 받은 그는 2009년 국민당 청년위원장으로 선출된 후, 이듬해 빈 시의원이 되는 등 본격적으로 정계에 진출한다. 2011년에는 정치활동에 집중하기 위해 아예 빈 대학교 법학부를 중퇴하기까지 한다. 그는 이 때 놀랍게도 스물다섯의 나이로 사회통합부 정무 차관직을 맡으며 중앙 정계에서 주목받는 인물이 된다.

결국 2013년 총선에서 최다 득표로 국회에 입성한 쿠르츠는 같은 해 12월 파이만이 이끄는 대연정 내각에서 외무장관에 올라 세계 정치 무대에도 이름을 알리기 시작한다. 이때 그의 나이 불과 스물일곱이었다. 젊은 나이에 외무장관을 맡은 쿠르츠는 세간의 우려와 달리 취임 두 달 만에 이란 핵 협상을 주재하며 존재감을 과시하기도 했다.

2015년부터는 동유럽에 부는 반이민 정서를 정확히 간파하고 본격적인 극우 정치인의 면모를 보이기 시작한다. 빈에서 발칸국가 외교장관 회의를 직접 주도하며 중동 난민이 유럽으로 넘어오는 주요 경로인 발칸반도를 폐쇄하는 합의를 이끌어낸 것이다. 몰려드는 이민 행렬에 불안감을 느끼던 국민들은 그의 추진력에 박수를 보낸다.

쿠르츠가 처음부터 반이민 정책을 추진했던 것은 아니었다. 오히려 사회통합부 정무 차관 시절에는 이민자들의 고통을 보듬어주는 정책을 추진하기도 했다.

그러나 이민자에 대한 쿠르츠의 태도는 독일의 메르켈 총리가 난민 정책을 주도하기 시작하면서부터 바뀌기 시작한다. 오스트리아의 난민 비율이 급격히 늘자 이민자들과 원주민들간에 사회적 갈등이 불거지기 시작한 것이다.

이 때문에 오스트리아 국내적으로는 난민 정책을 다시 점검해야 한다는 목소리가 커지며 극우 자유당이 급부상하기 시작한다. 쿠르츠는 대략 이 시점부터 난민과 이슬람, 이민을 강하게 반대하는 정책을 펼쳤으며, 철저히 자국민 우선주의를 내세우는 강경 우익 성향을 띠기 시작한다.

이에 오스트리아 좌파 진영의 비난은 물론 다른 유럽 국가로부터도 비난이 쇄도했다. 같은 독일어권인 독일의 앙겔라 메르켈 총리로부터는 '반인륜적'이라는 비난까지 들었다.

하지만, 쿠르츠에 대한 국내 여론의 지지도는 오히려 높아갔다. 2017년 5월 쿠르츠가 속한 국민당의 지지율은 득세하는 극우 자유당이나 중도좌파 사민당에 밀리고 있었다. 위기감을 느낀 국민당은 인기가 높던 쿠르츠를 당 대표로 선출하며 반전을 노렸다. 효과는 바로 나타났다. 쿠르츠가 당 대표에 오르자 국민당은 35%의 지지율을 확보하며 단숨에 1당으로 올라섰다. 결국 총선까지 지지율 1위를 놓치지 않은 국민당은 하원에서 62석을 차지하며 제1당이 된다.

쿠르츠는 무엇보다 국민의 마음을 정확히 읽어내는 순발력이 있었다. 동유럽을 불안으로 몰아넣은 난민 문제가 대표적이다. 몰려드는 이민자 때문에 일자리를 잃고 방황하던 오스트리아의 청년들은 난민 문제에 불만이 점점 높아갔고 쿠르츠는 이러한 대중의 요구에 정확히 응답했다.

그는 극우정당보다도 더 강력한 난민 반대 정책을 쏟아내며 선거의 흐름과 이슈를 주도했다. 심지어는 전통적인 민족주의 정당인 극우 자유당이 자신들의 정책을 훔쳐갔다고 비난했을 정도였다.

요컨대 이민자에 관한 이슈가 사회적으로 큰 논란이 되었을 때 이를 놓치지 않고 정확한 대중의 요구를 파고든 그의 감각이 쿠르츠를 최연소 총리로 만들었다고 할 수 있다. 실제로 그는 총리로 취임하자마자 유력정당인 사회민주당을 제치고 극우 민족주의를 표방한 자유당과 연정을 수립했고 연립정부는 이민자들의 온라인 대화 감시, 망명 신청자들의 현금 및 휴대전화 압수 등 반난민 정책을 쏟아 냈다. 일각에서 쿠르츠를 포퓰리즘으로 정권을 잡은 기회주의자로 보는 시각이 존재하는 것은 이 때문이다.

05
40대 기수론과 청년정치

 지금까지 비판적 관점에서 한국 청년정치의 현실을 바라보았지만, 역사적으로 보자면 대한민국의 청년 정치는 매우 자랑스런 역사를 갖고 있다.

 우선 주목할 부분은 우리 정치의 출발점인 제헌의회 당시 국회의원의 평균연령이 47살에 불과했다는 점이다. 이후 1980년대까지 40대를 유지했다.

 그러나 80년대 이후 국회의원 평균연령의 고령화 현상이 지속되었고, 결과적으로 제20대 국회의원의 평균연령은 55.5살까지 올라간다.

 한국 현대 정치사에서 가장 유명한 두 정치인, 김영삼 김대중 역시 우리나라에서 성공한 청년 정치인으로 볼 수 있다.

특히 김영삼 전 대통령의 경우 20·30 정치인의 원조라고 할
수 있다. 장택상 전 국무총리 비서로 정치권에 입문한 김영삼은
1953년 5월 총선에서 경남 거제군에 출마해 불과 26살의 나이
로 국회의원이 된다.

이 때 그가 세운 최연소 의원 기록은 아직까지 깨지지 않고 있
다. 김영삼 전 대통령은 37세인 1964년에 야당인 신민당 원내
총무(지금의 원내대표)를 맡기도 했다.

김대중 전 대통령은 37살인 1961년 강원 인제군 선거에서 처
음 당선되었다. 하지만 선거 직후 5·16이 터지면서 국회가 해산
되었고 2년 뒤인 1963년 목포에서 39살의 나이로 당선되어 실
질적인 첫 의정활동을 시작한다. (이와 관련 김종필 전 국무총리
도 1963년 충남 부여군 선거에서 승리해 37살에 국회에 입성했
고, 그해 말 공화당 의장을 맡았다.)

1970년대 초반 제출되었던 김영삼, 김대중 두 젊은 지도자의
'40대 기수론'은 성공한 청년정치 운동의 대표적 사례이다. 가
장 먼저 '40대 기수론' 바람을 불러온 인물은 김영삼 전 대통령

이다. 신민당 원내총무였던 그는 1971년 대선에 출마했는데 당시 42세에 불과했다.

김영삼이 내세운 40대기수론의 이유는 5·16군사쿠데타로 등장한 당시 집권여당 즉 박정희 측이 야당의 평균 연령보다 훨씬 젊다는 것이었다. 그는 정권교체를 위해 야당에도 젊은 지도자가 필요하다고 역설했다.

40대 기수론의 또 다른 축인 김대중 전 대통령 역시 1971년 당시 47세의 나이였다. 김영삼이 제출한 40대 기수론은 김대중과 이철승 등이 신민당 대통령 후보 지명대회에 출마함으로써 본격적인 탄력을 받아 나중에는 신민당 전당대회의 대세가 된다. [24]

지금은 한국정치사의 전설이 된 김영삼 김대중 이지만, 70년대 초반 그들이 40대 기수론을 제기하던 당시에는 정치권 선배들로 부터 구상유취(口尙乳臭 입에서 젖내가 날 정도로 어리다)라는 비난을 받았을 정도였다.[25]

---

24 1970년 9월 29일 신민당 대통령 후보 지명대회 1차 투표에서 과반수 득표자가 없어, 오후에 2차 투표를 다시 했는데 이 때 김대중이 대통령 후보로 지명되었다.
25 당시 신민당 유진산 총재는 40대 후배들을 가리켜 정치적 미성년(政治的 未成年), 구상유취(口尙乳臭) 등의 비난을 가하며 견제했으나 결국 40대기수론의 큰 흐름을 막지 못하고 나중에는 김영삼 지지를 선언했다

11장

청년정치를 위한
대안

01
청년기본법

2020년 1월 9일 국회에서 특별한 법이 통과되었다. 이름하여 '청년기본법'이다. 청년기본법이 제정되기까지는 오랜 시간이 걸렸다. 2014년 3월, 제19대 국회에서 청년발전기본법안을 발의한 것을 시작으로 2015년까지 3건이 발의되었으나 회기 만료로 폐기되었다.

그 후 제20대 국회에서 2016년 5월 30일 청년기본법안이 발의된 이래 2019년까지 3년 넘는 시간동안 총 10건의 유사 법안들이 발의되었다. 결국 제출된 유사법률들의 조정을 거쳐 여야 공동 발의로 이뤄진 '청년기본법'은 2020년 1월 9일 국회를 통과, 8월 5일부터 시행되기에 이르렀다.

법제정의 배경

   청년기본법을 제정하게 된 배경에는 무엇보다 열악한 청년들의 현실이 있었다. 노동시장과 고용환경 악화로 청년 실업이 점점 커다란 사회문제로 확대되었다. 이에 국가적 차원의 체계적인 청년정책 추진을 위한 기본법 제정의 필요성이 끊임없이 제기되었다.

   20대 국회의 청년국회의원 수는 3명에 불과했지만 청년이슈가 정치 아젠다로 계속 부상하자 당시 새누리당이 '청년기본법'(2016년5월)을 발의했고, 신보라 의원이 발의한 청년고용촉진특별법 (개정안) 등이 상정되었다. 청년이슈가 주요 의제로 떠오른 현실을 반영해 국회청년미래특별위원회가 상설 특별위원회로 설치(2017년 12월)되기도 했다.

청년 문제는 단순히 취업문제에 국한된 것이 아니라 교육, 경제, 주거, 문화, 건강 등 모든 분야에 걸친 복합적인 문제라는 인식이 확산되면서 삶의 전 영역에서 청년의 행복을 보장하는 법 제정에 대한 요구가 제기된 것이다.

법의 주요 내용

청년기본법은 청년의 권리와 책무를 직접적으로 언급하여 국가와 지방자치단체의 청년에 대한 책무를 명확히 하고 있다.

청년 문제해결 과정에서 당사자인 청년들의 목소리를 정책에 반영하는 것을 통해 해결하자는 취지를 담고 있다. 이를 위해 정책 결정 과정에 청년의 참여 비율을 의무적으로 할당하거나, 청년정책위원회 및 청년정책조정위원회를 두어 청년의 정치참여를 활성화하는 내용을 담고 있다.

5년마다 청년정책에 관한 기본계획을 수립하여 시행하고, 청년정책 수립을 위한 실태조사와 청년정책 책임관 운영 등을 의무화했다.

[청년기본법 핵심조항]

국가와 지방자치 단체의 책무(제4조)
국가와 지방자치단체는 청년발전에 필요한 법적, 제도적 장치를 마련하여 시행하여야 한다.

청년정책 기본계획수립 (제8조)
국무총리는 5년마다 청년정책에 관한 기본계획을 수립, 시행하여야 한다.

청년 실태조사 (제11조)
정부는 효율적인 청년정책을 수립하기 위하여 청년의 고용, 주거,교육,문화 등에 대한 실태를 조사하여 공표하여야 한다.

청년정책조정위원회(제13조)
청년정책에 관한 주요 사항을 심의, 조정하기 위하여 국무총리 소속으로 청년정책조정위원회를 둔다.

정책 결정 과정에 청년참여 확대(제15조)
중앙행정기관의 장 및 시도지사는 청년정책 결정 과정에 청년을 참여시키거나 그 의견을 수렴하여야 한다.

청년정책 책임관 지정 (제16조)
중앙행정기관의 장 및 시도지사는 소속 공무원 중에서 청년정책책임관을 지정하여야 하고, 필요한 경우 청년정책 전문 인력을 둘 수 있다.

청년기본법의 의미

이러한 청년기본법은 청년정책 추진체계의 법적 기반을 마련했다는 의미가 크다. 지금까지 각 부처에서 추진되던 정책이나 제도들 역시 청년정책조정위원회 신설을 통해 통합적으로 관리할 수 있게 되었다.

또한 청년정책 추진에서 국가와 지방자치단체의 책무를 확고히 했다는 의미도 있다. 국가와 지방자치단체는 청년발전에 필요한 법적, 제도적 장치를 마련해야 하며, 국무총리는 5년마다 청년정책 기본계획을 수립하여 시행하도록 의무화하였다.

무엇보다 청년기본법은 정책의 기본이념을 명확히 제시했다는 중요한 의의가 있다. 청년을 행복한 삶을 영위할 권리의 주체로 규정해 일자리, 창업, 능력개발, 주거, 복지, 금융, 문화 등 삶의 전 영역에 걸친 지원 대책 수립에 국가와 지자체의 책무를 의무화 했다.

02
청년가산점

주로 지방 선거나 국회의원 선거의 공직 후보자 공천과정에서 청년에게 가산점을 주는 제도는 청년 세대의 정치 참여를 촉진하기 위한 고민 끝에 도입된 제도이다.

앞서 언급했듯이 청년은 기성정치인에 비해 여러 가지로 불리한 입장에 있다. 따라서 청년정치에 대한 아무런 배려 없이 청년정치인을 그냥 경쟁에 노출 시킬 경우, 청년정치의 비중은 현저히 낮아질 수밖에 없다. 이러한 문제를 시정하기 위해 각 정당이 인위적으로 청년정치인에게 다소나마 유리한 조건을 부여하는 제도가 바로 청년가산점이다.

예를 들어 2024년 국회의원 선거를 앞두고 국민의힘 총선기획단은 참신한 청년인재를 공천하겠다는 목표 하에 34세 미만 청년에게 더 많은 가산점을 주는 방안을 발표하기도 했다.

원래 국민의힘은 만 45세 미만을 청년으로 규정하고 있지만 45세 라는 청년의 기준나이가 다소 높아 실제 2030세대에 큰 도움이 안 된다는 지적이 제기되자 청년기본법에서 청년의 기준으로 삼은 만 34세를 기준으로 더 많은 가산점을 주는 정책을 추가 발표 한 것이다. [26]

청년가산점의 문제

이런 맥락에서 청년가산점은 청년세대에게 정치 참여의 기회를 부여하고자 하는 긍정적인 시도로 평가받고 있다.

하지만, 청년가산점의 한계도 분명히 있다. 일단 가산점의 적용 범위와 기준이 당 마다, 시기마다 달라진다는 점이다. 이로

---

[26] 국민의힘 혁신위원회는 청년가산점 외에 △비례대표 당선권에 만 45세 미만 청년 50% 배치 의무화 △당선 우세지역 청년전략지역구 선정 △전 정부 기구 및 지자체 모든 위원회에 청년 위원 일정 비율 참여 의무화 등을 제시하기도 했다.

인해 청년 후보의 선출 기회에 불균형이 발생할 수 있다. 즉 명확한 정의와 기준 하에 실행되지 않으면, 청년가산점이 특정 청년들에게만 혜택을 주는 결과를 낳을 수 있다. 이 경우 청년가산점이 오히려 정치의 불투명성과 불공정을 증폭시킬 우려가 있다. (따라서 청년가산점 도입을 위해서는 지역, 성별, 경쟁방식 등 다양한 측면에서 명확한 기준을 제시하고 체계적인 배점을 고려해야 한다.)

청년가산점은 선거 시점에 청년에 대한 배려로 대중에게 비춰질 수 있지만 청년정치 활성화의 구조적인 해법이라고 볼 수는 없다.

이 때문에 가산점 부여는 단순한 일시적인 선거 전략으로 끝나는 경우도 많다. 청년가산점을 도입하는 정당들은 이를 통해 청년 친화적인 이미지를 강조하고자 하지만, 선거 이후에 실질적인 청년정치의 의지를 보여주지는 못하는 경우가 많다.

종종 가산점을 통해 선출된 청년 후보들이 정치적 무능을 보여주는 경우도 있다. 단순히 연령이나 가산점의 적용을 통해 선출된 후보들이 정치 경험이나 정책 이해가 부족하면, 정치의 질적인 향상에 한계가 따를 수 있다.

요컨대 청년가산점은 청년들에게 정치 참여의 문을 열어주는 긍정적인 도구일 수 있지만, 그렇다고 만병통치약이 될 수는 없다. 청년가산점을 이를 단순한 이미지 전략으로만 활용하지 않고, 실질적인 청년 정치의 확산으로 이어지도록 하기 위한 추가적인 노력이 필요하다.

03
청년 할당제

청년 가산점이 공천 경쟁에서 좀 더 유리한 위치를 인위적으로 만들어주기 위한 제도라면 아예 청년정치인의 비율을 정해놓고 전체 규모를 이에 맞춰버리는 다소 과격한 정책도 있다. 이른바 청년 할당제가 그것이다.

즉 당내경쟁의 불리함을 일부 극복하기 위해 약간의 어드밴티지를 주는 정도가 아니라 아예 처음부터 당이 청년 분야에 일정 비율을 제도적으로 할당하는 제도다. 이는 청년 정치인들의 정치권 진입을 인위적으로 열어주기 위한 강력한 제도라고 할 수 있다.

실제로 제19대 국회에서는 여·야가 20~30대 청년에 대한 비례대표후보 공천 할당을 함으로써 청년대표를 포함한 30대 비례대표 국회의원 6명(지역구 포함9명)이 의회에 진입하였다.

그러나 제20대 총선에서는 여당과 제1야당이 비례대표 청년 공천 할당을 별도로 하지 않았다. 새누리당은 공천 과정에서 청년과 정치신인에게 각각 10% 가산점을 주기로 하는 등 20~30대 청년정치인 영입에 나섰지만, 결과적으로 청년 국회의원 수는 지역구 1명, 비례 2명 총 3명으로 크게 줄어들었다.

청년할당제 과연 옳은가?

청년 할당제는 논란이 많다. 청년 할당제가 무조건적인 답은 아니지만, 기울어진 운동장을 해소하기 위해서는 불가피하다고 보는 의견도 있다. 일각에서는 한발 더 나아가 청년할당제는 특혜가 아니라 당연한 청년들의 몫이라고 보기도 한다.

단순히 청년 할당을 시혜처럼 추진하는 것은 맞지 않다. 선거를 앞두고 한두 명씩 수혈하듯 영입하면서 청년 할당이라고 포장하는 것도 바람직하지 않다.

내 생각에는 청년 할당제는 필요할 수는 있지만, 그렇게 완벽한 대안은 아니다. 인위적으로 청년 정치인 수가 10%에서 20%로 늘어나는 것은 일부 문제를 완화할 수는 있을지 몰라도, 왠지 임시방편 같은 느낌을 준다.

할당 비율을 설정하는 과정 자체가 일종의 시혜적인 의미를 갖기 때문에 실질적으로 청년의 정계 진출 효과를 높이는 것이라 볼 수 없는 것이다.

정치에 청년이 꼭 필요한 것은 사회변화 때문이다. 기성정치가 담아내지 못한 문제들을 미래세대인 청년이 좀 더 순수한 관점과 동기를 갖고 정치 아젠다로 승화시킬 수 있다. 그런데 만약 실력없는 사람이 청년이라는 이유만으로 당선되는 경우는 오히려 청년정치에 해악을 끼칠 수도 있다.

청년가산점이건, 청년할당제건 한계는 명확하다. 그것은 능력이 검증되지 못한 청년을 '제도'가 인위적으로 구제하는 의미를 지닌다는 점이다.

인위적 숫자 맞추기 보다는 정치권 전반에서 일하는 청년 인재의 풀(pool)이 확대되고, 정치권 전반에 훈련된 청년 정치인들이 더 많아져야 한다. 이를 통해 자연스럽게 청년이 자신의 능력에 힘입어 정치권의 새로운 에너지로 주목받으며 국민의 신뢰를 얻게 되는 것이 실질적인 청년정치의 질적 향상으로 볼 수 있기 때문이다.

04
피선거권 연령 외

국제의원연맹은 청년의 정치대표성에 긍정적 영향을 미치는 제도적 요인으로 선거제도, 피선거권 연령, 청년할당제 등을 제시하고 있다. 국제의원연맹은 비례대표제를 채택할수록,[27] 피선거권 연령이 낮을수록, 청년 할당제를 실시하는 국가일수록 청년의원 비율이 높게 나타난다고 주장한다.

우리나라 역시 최근 들어 청년 정치인에게 불리한 선거 환경을 보완하려는 노력이 이루어지고 있기는 하다. 정당 가입연령과 피선거권 연령을 낮추고 청년에게 기탁금 부담을 낮춰주며,

---

27 비례대표제는 후보 명부 작성시 성이나 연령 등 다양한 사회적 배경을 가진 후보들 간 균형을 고려하도록 하는 경향이 있기 때문에 청년이 배려 받을 가능성이 높아진다.

청년을 많이 추천하는 정당에게 보조금을 지급하는 등 청년 정치 확대를 위한 제도가 추진되었다.

　제21대 국회에서는 피선거권 연령을 낮추거나 국회와 지방의회에 청년 할당제를 도입하는 방안을 추진하고, 경제적, 정치적 기반이 취약한 청년층의 선거 참여를 위해 청년 후보를 추천하는 정당에게 국고보조금을 지원하는 방안 등이 논의되었다.

　그 결과 2021년 12월 국회 본회의에서 피선거권 연령을 18세로 낮추는 공직선거법 개정안이 통과되었다. 이로서 만 18세 이상의 국민이라면 누구든 선거에 출사표를 던질 수 있게 됐다.

　2022년 6월 1일 실시 된 제8회 동시지방선거는 피선거권 연령을 18세로 낮춘 이후 실시된 첫 선거였는데 선거 결과를 분석해보니 후보자나 당선자 모두 20~30대 청년의 참여가 증가한 것으로 나타났다.

　특히 지방선거 최초로 10대 후보자와 당선자를 배출한 것은 피선거권 연령을 18세로 낮춘 결과라고 볼 수 있다. 30대 이하 청년의원의 비중은 전체 지방의원의 10.8%에 불과하지만 제7회 지방선거 이후 청년의원의 비중이 점차 증가하는 양상을 보이기도 했다.

기탁금 부담 줄이기

2022년 4월에는 29세 이하 후보자의 경우 기탁금을 규정의 절반만 부담하도록 하고, 30~39세 후보자의 경우 기탁금의 30%를 감면해주도록 공직선거법이 개정되었다.

기탁금의 반환 조건도 완화했다. 39세 이하 후보자의 경우 10%(반환 기준은 본래 15%) 득표할 경우 기탁금 전액을 돌려받을 수 있도록 하였으며, 5~10% 득표할 경우 기탁금의 절반을 돌려받을 수 있도록 하였다. 이를 통해 청년 후보의 선거비용 부담을 다소 완화해 주었다.

2022년에는 정치자금법 개정을 통해 공직후보자 〈청년추천보조금〉 제도를 신설하였다. 그간 여성이나 장애인 등을 대상으로 한 추천보조금제도는 있었지만, 〈청년추천보조금〉은 2022년에 처음 신설되었다.

이 제도는 국회의원선거와 지방의회의원선거에 39세 이하 청

년 후보자를 전국 지역구 총수의 10% 이상 추천한 정당에게 차
등적으로 국고보조금을 지급한다는 것이다. 청년 후보를 보다
많이 추천하도록 정당에게 인센티브를 제공한 것이다.

  정당법 개정도 긍정적이다. 정당법상 당원 가입연령은 기존
18세였는데 이를 16세로 낮춤으로써 청소년기부터 정당 활동
을 통해 정치에 대한 관심과 참여를 확대할 수 있는 발판을 마련
했다. 정당의 가입연령은 정당이 자율적으로 정하는 것이 일반
적이다. 정당정치가 발달한 유럽국가들의 경우 14세 이상부터
정당 활동을 하는 사례가 많다.

이와 같은 일련의 법적 제도적 변화는 비록 늦은 감은 있지만, 청년정치의 활성화를 위한 긍정적인 변화라고 할 수 있다.

그런데 필자의 생각으로는 이러한 제도적 지원이 우리가 이상적으로 추구하는 청년정치의 궁극적 목표는 아니다. 제도상의 변화를 뛰어넘는 더 중요한 지점이 있다.

그것은 정당 자체에 부여된 과제, 즉 당이 강력한 의지를 갖고 체계적, 조직적으로 청년정치의 에너지를 지속 생산해 내야 한다는 커다란 당위성이다.

05
청년정치의 생산구조

청년 정치 활성화를 위해 다양한 제도적 구상들이 전개되었지만, 무엇보다 중요한 것은 실력있는 청년 정치인이 자기 능력으로 정치권 내의 경쟁을 뚫고, 스스로의 역량으로 국민의 사랑과 신뢰를 획득해 내는 것이다.

제도와 조직의 역할은 이 과정이 각종 불공정에 의해 방해받지 않도록 지원하는 의미를 지닐 뿐이다. 보다 중요한 문제는 정당을 통한 장기적인 청년 정치인의 발굴과 육성 구조이다.

우리는 정치의 혁신적 재생산구조로서 청년 정치를 바라보아야한다. 그러나 우리 정치는 아직까지 청년 정치인을 장기적으로 육성하기 위한 구체적인 준비가 되어 있지 않다.

외국에서 30대 총리나 대통령이 등장할 때마다 모든 언론이 일제히 관련 기사를 쏟아낸다. 그러나 한 사람의 주목받는 청년 정치인이 탄생하기 까지 그 이면에 작용했던 오랜 정치적 훈련 과 단련의 시간들은 별로 조명 받지 못하는 경우가 많다.

우리는 혜성같이 나타난 청년 정치인을 가십거리 접하듯이 이 해할 것이 아니라 그의 탄생을 가능케 했던 정치인 육성 구조를 좀 더 의미있게 바라볼 필요가 있다.

무엇보다 앞서 언급한 정당 차원의 지속적인 청년 조직이나 관련 프로그램이 필요하다. 독립적이고 강력한 당의 청년조직을 육성하고 청년 대상의 정치캠프나 정치학교를 통해 정치참여와 훈련의 기회를 적극 지원해 나가야 한다.

청년 정치 강화의 임무를 부여받은 당내 조직에 대한 지원도 더 확대 되어야 한다. 우리나라에서 청년위원회 혹은 당 청년국 의 역할은 각종 행사의 인원동원이나 액세서리 같은 도우미 역 할로 끝나는 경우가 많고, 위상 역시 제한적이다.

인물과 조직에 투자하자

결국 문제는 청년 정치인을 지속적으로 발굴하고 육성할 수 있는 시스템이다. 이를 위해서는 무엇보다 청년 정치인이 일찍부터 현장을 경험하고 역량을 쌓을 수 있는 투명한 정치 시스템이 가동되어야 한다.

지금까지의 청년정치가 주로 유력자에게 줄을 서는 방식 혹은 유력자의 캐스팅에 의한 방식으로 주로 이루어졌던 이유는 오랜 시간에 걸쳐 자신의 철학과 능력으로 자기만의 정치적 자산을 차곡 차곡 쌓아 온 진정한 청년리더가 없었기 때문이었다.

유럽은 10대 때부터 정당 안에서 훈련받은 사람들을 우선 공천하는 문화가 자리 잡고 있지만, 우린 아직 이 같은 문화와 제도가 갖춰져 있지 않다. 그 결과 선거 때마다 청년 후보를 이벤트성으로 급조하는 일이 반복되고 있다.

청년 정치인의 발굴과 육성 시스템 구축을 위해 우리는 이른 시기부터 재능있는 인적 역량을 발굴하고, 다양한 훈련을 제공하는 등 인물에 투자할 수 있는 조직적 체계와 프로그램을 깊이 있게 고민해야 한다.

어린 시절부터 정치 꿈나무들이 기존의 관습과 위계질서에 얽매이지 않고 마음껏 토론하고 의사를 표현하며, 현장을 체험하면서 정치 역량을 키우고 능력을 검증받는 시스템이 필요하다.

이 같은 청년 정치 육성 시스템이 정착하게 되면, 우리 정치권에는 오직 실력으로 평가받는 공정하고 투명한 시스템이 정착하게 되고 어느새 조직은 능력있는 선수들의 집합체로 거듭나게 된다.

청년 정치를 위한 궁극의 대안은 청년할당제나 청년가산점 같은 인위적 분배 장치가 아니다.

청년 정치가 기존의 정치 질서 속에서 스스로 키워낸 자신의 힘과 매력을 통해 국민의 사랑과 믿음을 착실하게 축적하는 것. 그것이 대한민국의 청년시대를 새롭게 창조해낼 진정한 에너지일 것이다.

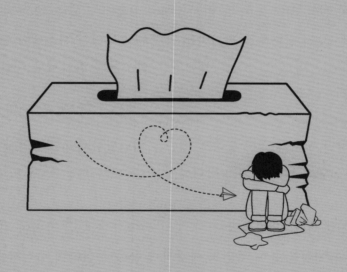

[부록]

국제의원연맹
청년정치참여 보고서[28]

28 이 글은 국제의원연맹이 2021년 발표한 <청년정치참여보고서>를 번역, 발췌한 것임

연구 결과 요약

이 보고서는 청년의 의회 참여에 관한 국제의회연맹의 네 번째 격년 보고서다. 이 보고서는 2018년 보고서를 바탕으로 지난 2년간 축적한 새로운 자료를 더하여 작성되었고, 148개 의회에서 추출한 연령 자료와 258개 의회의 기타 양적, 질적 자료를 활용했다.

이상의 자료는 2020년 9월 14일 기준이다. 학술 연구와 인터뷰 정보도 전 세계 의회에서의 청년 참여를 전체적으로 파악하는 데 도움이 되었다. 청년 과소 대표에 대한 주요 연구결과와 이를 해결하기 위한 모범 사례가 보고서 전반에 걸쳐 담겨 있으며, 진일보한 실천을 위한 권장사항을 제시하고 있다.

〈 소결 〉

○ 전 세계에서 30세 이하 의원의 비율은 2.6%에 지나지 않고, 이는 2018년 이래 0.4% 증가한 수치다.

○ 전 세계에서 40세 이하 의원의 비율은 17.5%이며, 2018년 15.5%보다 2% 증가한 수치다.

○ 전 세계에서 45세 미만 의원의 비율은 30.2%이며, 2018년 28.1%보다 2.1% 증가한 수치다.

○ 전 세계 단원제 의회와 하원 중 25%에는 30세 미만 의원이 없고, 이는 2015년에 비해 약 5% 줄어든 수치다. 약 1%의 단원과 하원에는 40세 미만 의원이 없으며, 2018년 수치에 비해 3% 줄어들었다.

○ 상원에서 진보는 더디었다. 73%의 상원에는 30세 미만 의원이 없었고, 이는 2018년 75%보다 낮아진 수치다. 16%의 상원에는 40세 미만 의원이 없다.

○ 2018년 이래 선거를 실시한 2020년 조사 국가 중 콩고민주공화국 상원을 제외한 모든 나라에서 45세 미만 의원이 선출되거나 임명되었다.

○ 유럽과 아메리카 순으로 세 연령대(30세 미만, 40세 미만, 45세 미만)의 의원 비율이 다른 지역보다 높았다.

○ 69%의 국가에서 투표 연령은 의원직을 가질 수 있는 최소 법정 연령보다 낮았다. 하원과 단원제 의회에서 투표권을 가진 유권자가 의원직을 얻기에 적격한 나이가 되기까지 걸리는 시간은 평균 3.5년이었다. 상원에서 그 차이는 평균 10.4년이었다.

○ 적격 연령이 낮을수록 의회 내 평균 연령도 낮아졌다. 최소 법정 연령이 1년 증가할수록 가장 젊은 의원의 나이가 0.6세 증가했다.

○ 평균적으로, 정부 수반이 45세 미만인 국가의 의원들은 평균 48.2세로 그렇지 않은 국가에 비해 약간 낮았다. 이 보고서에서

조사한 모든 의회의 평균 연령은 50.5세다.

30세 미만 청년 의원:

○ 노르딕 국가(평균 8.16%)와 남미(평균 6.3%)의 30세 미만 의원 비율이 가장 높았다.
○ 하원과 단원제 의회의 경우, 노르웨이(13.6%), 아르메니아(12.1%), 산마리노(11.7%), 잠비아(10.3%)에서 30세 미만 청년의 대표성이 가장 높았다. 상원의 경우, 벨기에가 10%로 가장 높았고, 소말리아가 3.7%로 그 뒤를 이었다.
○ 유럽의 하원과 단원제 의회의 경우, 노르웨이의 비율이 가장 높았다(13.61%). 아프리카 사하라 이남에서는 잠비아의 비율이 가장 높았다(10.34%). 아메리카에서는 베네수엘라 볼리바르 공화국의 비율이 가장 높았다(9.8%). 중동과 북아프리카에서는 튀니지의 비율이 가장 높았다(6.9%). 아시아에서는 아프가니스탄(5.7%)이, 태평양 지역에서는 뉴질랜드의 비율이 가장 높았다(1.7%).

40세 미만 청년 의원:

○ 남미와 노르딕 국가에서 40세 미만 청년의 대표성이 가장 높았다(각각 29.8%, 29.2%)

○ 하원과 단원제 의회의 경우, 아르메니아(57.6%), 우크라이나(46.3%), 이탈리아(42.7%)가 모두 40세 미만 청년의 대표성에서 40% 이상을 기록했다. 상원의 경우, 벨기에 상원은 42%였고, 그 다음으로 부룬디 상원이 28%였다.

○ 유럽의 하원과 단원제 의회의 경우, 최우수 사례 국가는 아르메니아였다. 아프리카 사하라 이남에서는 잠비아가 가장 우수했다(36.2%). 아메리카에서는 수리남이 가장 높았다(37.3%). 중동과 북아프리카에서는 오만의 비율이 가장 높았다(26.7%). 아시아에서는 아프가니스탄(37.1%)이, 태평양 지역에서는 뉴질랜드가 가장 높았다(21.7%).

45세 미만 청년 의원:

○ 노르딕 국가(평균 44.4%)와 중앙아시아(평균 43%)에서 45세 미만 청년의 대표성이 가장 높았다.

○ 하원과 단원제 의회의 경우, 아르메니아(72%), 우크라이나(63.4%), 투르크메니스탄(63.2%)이 모두 45세 미만 청년의 대표성에서 60% 이상을 기록했다. 상원의 경우, 벨기에 상원은 48.3%를 기록했고, 41%의 아프가니스탄이 뒤를 이었다.

○ 하원과 단원제 의회의 경우, 유럽에서 최우수 사례 국가는 아르메니아다. 아프리카 사하라 이남에서는 잠비아(56.9%). 아메리카에서는 수리남(52.9%). 중동과 북아프리카에서는 바레인(47.5%). 아시아에서는 투르크메니스탄(63.2%), 태평양 지역에서는 뉴질랜드(35.8%) 등 이다.

청년할당제 :

○ 청년할당제는 청년 대표성을 증가시키는 데 도움을 준다. 이러한 현상은 기존 할당제가 의석수 할당(reserved seats), 법정할당(legislated quotas), 정당 할당(party quotas)과 같이 다양한 목표와 상이한 형태를 취함에 따라 각기 다른 방식으로 나타난다.

○ 청년 대표에게 특별히 의석수를 할당한 국가는 르완다, 모로코, 케냐, 우간다, 총 네 곳에 지나지 않았다.

○ 청년할당제를 취한 모든 국가는 보통 성별 할당제를 도입한 이후에 청년 할당제를 채택했다.

○ 할당제가 긍정적인 결과를 낳는다는 점이 밝혀졌지만, 이 제도의 성공적 시행을 보장하고, 그 결과로 할당제가 의회 내에서 청년의 영향력을 증대시키는 역할을 보장하기 위해 제도의 설계를 주의깊게 검토하는 일이 중요하다.

○ 점점 더 많은 의회가 청년 문제에 전념하는 청년 의원들의 네트워크 및 청년 의원 모임을 설립하고 있다. 청년 의원들의 네트워크는 이 보고서에서 다루는 의회 중 16%에서 나타나고, 역시 16%의 의회가 청년 의원 모임을, 21%가 청년 문제를 다루는 의원 모임을 보유하고 있다.

○ 이 보고서에서 다루는 의회 중 64% 이상이 청년 문제를 다루는 위원회를 의회 내에 두고 있다. 하지만 대개 이 위원회들은 다른 문제들과 아울러 청년 관련 문제를 다룬다.

○ 56%의 국가들이 더 많은 청년을 교육하여 의정 활동에 참여시키기 위해 청년 의회를 조직하고 있다.

보고서 서문

2019년 9월, 전 세계에서 수백만의 젊은이들이 도심 거리로 쏟아져 나와 기후 위기에 적절히 대응하지 못한 정치 지도자들의 실패에 분노를 터뜨렸다. 지난 2년 간 중동의 젊은이들은 민주주의를 위해, 미국의 젊은이들은 인종 평등을 위해 시위를 벌였다. 전 세계 곳곳에서 우리 청년들은 사회문제에 투신하고 있지만, 의회는 이들을 거의 대변하지 못하고 있다. 예를 들자면, 전 세계 인구의 49%가 30세 미만인데 비해 30세 미만 연령집단에 속한 의원의 비율은 겨우 2.6%에 지나지 않는다.

하지만 지난 15년 간 의회에서 청년의 참여와 과소 대표가 인식되는 등 그러한 현실에 변화가 목격되었다. 이제 젊은이들은 단지 협의만 하는 것이 아니라 의회 절차 내에서 청년의 참여가 개선되기를 기대한다. 의회의 구성원으로서 더 많은 청년이 의사결정 과정에서 능력을 발휘하는 동시에 의회 절차 및 의정 활동에 완전하고 유의미하게 이바지하도록 정치적 과정에 이들 청년의 참여를 보장함으로써 정치적 대표성을 확보하는 측면에서 말이다. 청년의 참여는 젊은이에게 영향을 미치는 문제들을 정립했을 뿐 아니라 그 자체가 대의 민주주의의 구성요소라는 점이 보다 광범위하게 받아들여지고 있다.

2020년 8월 12일 세계 청년의 날, 국제의회연맹은 청년의 참여에 관한 결의안 채택 10주년을 기념했다. 2010년 국제의회연맹 의원들이 채택한 이 결의안에서는 정치적 의사결정에서 더 많은 젊은이들이 포함될 것을 요구하고 있었다.

이후 국제의회연맹의 구성원들은 청년 할당제 도입부터 공직 입후보 제한 연령을 완화하는 일에 이르기까지 많은 조치들을 취했다. 청년 의회의 개최가 이뤄졌다. 청년의원들은 국제 행사에 대표단으로 결합했다. 또 많은 국가들에서 위원회와 의원 모임을 포함한 의회 기구가 점점 청년 조직과 관계를 맺고 있다.

한편 전 세계 민주주의에서 청년 의원들의 수를 개선할 필요에 대한 인식이 늘어남에 따라 이를 반영하여 여러 계획들이 등장했다. 그 중에는 유엔 지속가능발전목표(SDGs)와 청년, 평화, 안보에 관한 유엔 안전보장이사회 결의안 제2250호(UNSCR 2250)도 있다.

또한 국제의회연맹은 오늘날 전 세계 청년 의원들을 위한 플랫폼인 청년 의원 포럼의 설립을 실행했다. 국제의회연맹은 청년 의원들에 관한 믿을만한 정보의 필요성이 다른 무엇보다도 중요하다고 봤다. 지금은 국제의회연맹의 개방형 데이터 플랫폼인 Parline을 통해 공공연히 국제회의연맹의 자료에 접근할 수 있는데, 이는 해당 주제에 관한 정보의 주요한 출처로 자리 잡았다. 자료를 보태고, 청년 포럼에 대한 투자를 보충하며, 동료 청년 의원 간 협력을 보완하기 위해 국제의회연맹은 의원들의 모범 사례를 공유하도록 돕고 있다.

청년 – 특징과 정의

청년에 대한 정의는 나라마다 상당히 다르다. 국제의회연맹의 규정에 의하면, 45세 미만일 경우 청년 의원에 해당한다. 하지만 "청년"에 대한 정의가 다양한 데다 40대 초반의 청년의원은 20대 청년 의원과 다른 환경에 직면할 것이 분명하다. 따라서 정의의 다양성을 수용하기 위한 노력으로 우리의 자료는 청년 의원의 연령 기준을 30세 미만, 40세 미만, 45세 미만, 세 가지로 나누어 이 점을 강조해왔다. 또한 이는 청년 의원들을 보다 세밀한 연령 집단, 즉 20대와 30대로 나누는 심층 연구를 가능하게 했다. 이와 같은 특정 연령 기준치는 수년 간 유지되었고, 이를 통해 시기별 비교연구가 가능해졌다. 앞선 보고서와 마찬가지로 2020년 보고서도 연령 집단에 따른 청년 의원에 관한 자료를 갱신함과 아울러 성별로 세분화한 자료도 함께 제공하고 있다.

청년의 지위는 과도기적이다. 젊은이들의 지위는 영구적이지 않다! 특정 선거에서 청년의원이었을지라도 다음 선거에서는 연령에 따른 지위를 상실할지도 모른다. 이러한 점을 처리하기 위해 각국 의회로부터 자료와 정보를 수집하여 조사를 수행할 때, 현재 입법 임기의 기점 당시 자료를 요청했다.

또 주목할 점은 50 대 50에서 두드러지게 벗어난 편차가 흔하지 않은 성별 분포와 달리 연령 분포는 나라마다 다양하다는 사실이다. 2019년에 소개된 유엔의 국가별 자료에서 30세 미만 성인의 비율은 5%에서 23%를 오갔으며, 그 평균은 13%였다. 우리 보고서는 청년 인구와 청년 의원 비율의 간극을 국가별로 비교한다. 별도 규정이 없는 한 의회 내 비율과 성인 인구 중 비율을 비교한다. 유엔 자료에 한계가 있는 탓에 우리 보고서는

20세부터 성인으로 본다. 아동 참정권은 청년 대표성과 밀접한 관련이 있지만, 국가적 차원에서 18세 미만까지 참정권을 부여하는 나라는 극히 드물다. 이 보고서에서는 의회와 의원이라는 단어가 단원제 의회 및 상, 하원의 의원을 전반적으로 지칭하는 용어로써 쓰인다.

지난 10년: 국제의회연맹의 청년 참여 결의안

국제의회연맹의 청년 참여 결의안 채택일을 기념하여 각국 의회는 결의안을 어떻게 시행하고 있는지 설명했다. 선거권 연령과 피선거권 연령을 낮추고, 의회 내 청년위원회 및 청년 의원들의 모임을 창설하며, 청년 의회를 소집하고 국제 행사에 대표단을 결합시키는 등의 조치가 취해지고 있다.

다음 국가의 의회가 관련 정보를 제공했다. 아프가니스탄, 베냉, 부탄, 코스타리카, 엘살바도르, 잠비아, 아일랜드, 룩셈부르크, 몰타, 말레이시아, 멕시코, 몬테네그로, 미크로네시아 연방 공화국, 니카라과, 네덜란드, 뉴질랜드, 노르웨이, 폴란드, 카타르, 루마니아, 산마리노, 세르비아 국제의회연맹의 의원들이 2010년 민주적 절차에서의 청년 참여 결의안을 채택한 지 이제 10년이 지났다. 이 결의안을 통해 국제의회연맹은 의회 내에서 청년 참여가 늘어나야할 필요성을 인정하고 그 목적을 달성하기 위한 조치를 제안한 최초의 국제기구로 자리매김했다.

2014년 국제의회연맹은 각국 의회에서 청년 참여에 관한 정보를 수집하여 진보의 수준을 측정하는 수단으로 활용하기 시작했다. 당시에는 30세 미만 의원이 1.6%에 지나지 않았다. 수집된 자료를 바탕으로 의회 내 청년 참여를 주제로 한 최초의 보고서가 국제의회연맹에서 발간되었고, 이 보고서는 거의 빠짐없이 격년마다 발간하고 있다. 2018년 국제의회연맹은 자신의 공식적인 회의에 청년의 참여를 높이고자 입법 조치를 채택한 최초의 국제기구로 자리잡았다.

전 세계의 청년 의원들

2020년 자료는 국제회의연맹의 지난 보고서 때보다 의회가 약소하게나마 젊어졌음을 보여준다. 비록 전 세계에 걸쳐 편차가 상당하지만 말이다. 이는 의회 내 평균보다 일반 인구가 훨씬 젊은 국가와 지역에서 두드러진다. 2020년 보고서의 자료는 지난 2년 간 세 연령 기준치 모두에서 청년의 대표성이 약간 증가했음을 보여준다.

○ 30세 미만: 2020년 30세 미만 의원의 비율은 2.6%로, 2018년 2.2%에 비해 0.4% 상승했다.

○ 40세 미만: 2020년 40세 미만 의원의 비율은 17.5%로, 2018년 15.5%에 비해 2% 상승했다.

○ 45세 미만: 2020년 45세 미만 의원의 비율은 30.2%로, 2018년 28.1%에 비해 2.1% 상승했다.

청년을 전혀 대표하고 있지 못한 의회의 수도 줄어들고 있다. 이는 상원과 하원 및 단원제 의회 모두에서 분명하다.

○ 30세 미만: 전 세계 단원제 의회 및 하원 중 약 25%가 30세 미만 의원을 보유하고 있지 않은데, 이는 2018년 30%에서 5% 감소한 수치다. 현재 상원 중 약 73%가 30세 미만 의원을 보유하고 있지 않으며, 이는 2018년 75%에서 2% 감소한 수치다.

○ 40세 미만: 단원제 의회 및 하원 중 1%가 40세 미만 의원을 보유하고 있지 않은데, 이는 2018년 3%보다 하락한 수치다. 상원 중 16%가 40세 미만 의원을 보유하고 있지 않다.

○ 45세 미만: 모든 단원제 의회와 하원에는 45세 미만 의원이 존재한다. 하지만 상원 중 2.7%에는 45세 미만 의원이 없다.

최근 개원 이후의 결과: 청년을 위한 더 많은 의석

2018년 이래 의회가 새로이 개원한 국가들에서는 청년 의원의 수가 약간 증가했다. 하원은 30세 미만 의원이 0.6% 증가했고, 40세 미만은 1.3%, 45세 미만은 1.7% 늘어났다. 다수 국가에서 높은 증가세를 기록하긴 했지만, 이는 청년 의원 비율이 감소한 다른 국가들 탓에 상쇄되었다.

피선거권 연령이 낮을수록 의회 내 평균 연령이 낮았다. 선형회귀 분석에 따르면, 피선거권 연령이 1년씩 올라갈 때마다 가장 젊은 의원의 나이가 0.6세 증가한다. 이는 높은 피선거권 연령이 젊은 청년 의원들에게 여전히 장애물로 작용한다는 점을 보여준다.

30세 미만, 40세 미만, 45세 미만 집단 전반에 걸쳐 발생한 변화는 여러 요인들에 기인한다. 정당의 활동과 행태, 유권자 집단의 구성 요소, 지역적 그리고 전국적 차원에서 작용하는 맥락적, 역사적 요인, 선거 정책, 개별 후보자의 개인적 특성, 청년 할당제와 같은 특별 조치나 제도 따위가 그러한 요인들에 포함된다.

30세 미만

2018년 이래 새로이 개원하여 조사를 마친 의회 중에서 16개 의회가 하원에서 30세 미만 청년 대표성의 증대를 기록한 반면, 9개 의회는 감소세를 기록했다. 전체 평균을 놓고 보면, 30세 미만 의원은 0.6% 증가하는 방향으로 움직였다. 슬로바키아에서 가장 커다란 증가가 나타났는데, 0.7%에서 5.4%로 약 5% 포인트 가량 늘어났다. 반대로 핀란드는 가장 많이 감소했는데, 10%에서 3.5%로 약 7% 포인트 가량 줄어들었다.

상원 두 곳에서 청년 의원 수가 증가할 때, 하지만 다른 두 곳에서는 감소했다. 30세 미만 의원을 놓고 보자면, 평균치는 1.8% 증가했다. 벨기에는 가장 많이 증가했는데, 1.7%에서 10%까지 8% 포인트 이상 늘어났다. 반면 가장 많이 감소한 네덜란드는 2.7%에서 1.3%로 1.4% 줄어들었다.

40세 미만

2018년 이래 새로이 개원하여 조사를 마친 의회 중 일부 24개(67%) 하원이나 단원제 의회에서 40세 미만 청년의 대표성이 증대했다. 반면 12개(33%) 의회는 감소세를 기록했다. 전체 평균은 40세 미만 의원이 1.3% 증가하는 방향으로 움직였다. 수

리남에서 가장 많이 증가했는데, 23.6%에서 37.3%로 약 14% 포인트 늘어났다. 안도라에서는 가장 많이 감소했고, 39.3%에서 10.8%까지 약 29% 포인트 줄어들었다.

상원 일곱 곳에서 청년의 대표성이 증대했지만, 다른 일곱 곳에서는 감소했다. 전체 평균은 40세 이하 의원이 2.7% 증가하는 방향으로 움직였다. 벨기에는 가장 많이 증가했으며, 20%에서 41.7%로 21% 포인트 이상 늘어났다. 하지만 보스니아 헤르체고비나는 가장 많이 감소했고, 13%포인트 줄어들었다.

45세 미만

2018년 이래 새로이 개원하여 조사를 마친 의회 중에서 일부 23개 하원은 45세 미만 청년의 대표성이 증대했다. 반면 11개 의회는 감소세를 기록했다. 전체 평균은 45세 미만 의원이 1.7% 증가하는 방향으로 움직였다. 슬로바키아가 가장 많이 증가했고, 31.3%에서 52%까지 약 21% 포인트 늘어났다. 반대로 안도라는 가장 많이 감소했으며, 60.7%에서 35.7%로 25% 포인트 줄어들었다.

상원 11곳은 45세 미만 의원이 증가했지만, 6곳은 감소했다. 전체 평균은 45세 미만 의원이 1.4% 증가하는 방향으로 움직였다. 콩고민주공화국은 가장 많이 증가했는데, 2.9%에서 18.4%

로 15% 포인트 이상 늘어났다. 우루과이는 가장 많이 감소했고, 23.3%에서 10%로 13% 포인트 이상 줄어들었다.

가장 젊은 의원들 그리고 젊은 정부 수반

특정 의회 안에서 가장 젊은 의원의 나이는 평균적으로 28세다. 과테말라에는 세계에서 가장 젊은 의원이 있는데, 그 나이는 19세다. 가장 젊은 의원의 평균 연령은 특정 국가의 유소년을 포함한 인구의 평균 연령보다 살짝 높은 경향이 있다. 따라서 이들 의원이 의회 안에서는 젊다고 간주되긴 하지만 대다수 일반 국민보다는 나이가 많다.

청년 대표들의 선거는 대개 언론 보도의 집중을 받는다. 이러한 현상은 선거 이후까지 지속되기도 해서 개인의 명성을 높이기도 하고, 사회가 의원으로서의 청년을 수용할 수 있도록 귀가 되어주고 조력을 지원하는 매개체를 제공하기도 한다. 일부 연구는 청년의 정치 참여 수준과 입법기간과에서 청년의 대표성 사이의 긴밀한 관련성을 보여준다. 그러한 연구들은 청년 의원 수에 있어서 점진적인 성장을 제시한다.

이론적으로 보자면, 청년 의원들이 자국의 지도자가 되어 청년 세대를 주목받게 할 때 이러한 효과는 증폭된다. 몇몇 근거는 청년 참여를 증대시킬 특화 프로그램은 젊은 지도자가 시행할 여지가 있음을 시사한다. 일례로 캐나다 수상이 된 쥐스탱 트뤼도는 수상 직속 청년자문위원회(Prime Minister's Youth Council)를 두었다. 2020년 11월 5일 기준, 여러 국가들이 45세 미만 지도자를 보유하고 있다.

〈세계의 젊은 지도자들〉

산나 마린(총리) 핀란드 : 34세
카를로스 알바라도 케세다(대통령) 코스타리카 : 40세
제바스티안 쿠르츠(연방총리) 오스트리아 : 34세
저신다 아던(총리) 뉴질랜드 : 40세
나이브 부켈레(대통령) 엘살바도르 : 39세
메테 프레데릭센(총리) 덴마크 : 42세
이르판 알리(대통령) 가이아나 : 40세

흥미롭게도 세계에서 가장 젊은 지도자를 보유하고 있는 나라들도 일반 국민의 평균 연령은 48세로 다른 국가들에 비해서는 고령화 정도가 약간 높다. 핀란드와 오스트리아는 세계에서 가장 젊은 지도자를 세웠지만, 정작 두 국가의 고령화는 세계에서

가장 높은 수준이다.

　의회를 주재하는 직위는 보통 의장이라 알려져 있는데, 이 또한 청년의 가시성과 지도력 증진에 기여할 수 있는 주요 정치인이다. 2020년말, 의회 의장의 평균 연령은 61세였다. 하지만 이보다 낮은 연령의 의장 수는 증가하고 있다. 국제의회연맹 Parline 데이터베이스에 나타난 국가들 중 1명의 의장이 30세 미만이었고, 40세 미만 20명의 의장 중 1명이 여성이었다. 2명의 여성을 포함한 34명의 의장은 45세 미만이었다.

〈젊은 의회 지도자를 늘리기 위한 국제의원연맹의 방법〉

· 의회부서, 위원회, 정치조직, 우호조직 등 의회의 지도 체계 안에서 청년의 대표성을 증대하기 위한 내부 할당제 시행
· 국제 포럼에 대표단을 파견하고 선거구 조직 활동처럼 전국적인 사업을 추진할 때 연령과 성별을 고려한 할당제의 시행
· 의정 활동에서 패널로 참여하는 의원의 연령 다양성 확보
· 대중매체에서 젊은 의원들의 노력 옹호

청년 의원을 늘리기 위한 조치

의회 내 청년 대표성 개선을 위한 사전 예방적이고 혁신적인 조치들이 그 효과를 입증해왔다. 나아가 많은 방법들이 더 많은 국가와 지역에서 채택되기도 한다. 하지만 청년 대표성 증대를 위해 신중한 조치를 취하는 데에는 목표를 달성하는 데 장애물이 무엇인지 규명하고 해결책을 제시할 수 있는 효과적인 조치를 고안하는 일이 필수다.

피선거권 연령

공직에 출마하기 위한 피선거권 연령은 의회 내 청년 대표성 증대를 가로막는 주요 장애물이다. 2020년 기준 65%의 국가에서 선거권 연령이 의원 입후보를 위한 법정연령보다 낮다.

같은 해 하원 및 단원제 의회 중 65%, 상원의 83%에서 선거권 연령과 피선거권 연령이 달랐다. 하원 및 단원제 의회의 경우 선거권 연령과 피선거권 연령 간 평균 격차는 3.5세였다. 상원에서는 이 격차가 평균적으로 10.4세였다.

게다가 최근 자료를 살펴보면, 하원에서는 피선거권 연령이 약 18세인 곳 중 약 80%의 상원이 그보다 높은 연령 제한을 두고 있음을 알 수 있다. 예를 들면, 일부 하원에서는 피선거권 연령이 25세이지만, 동일한 의회의 상원에서 장차 입후보하려면 최소한 30세 이상이어야 한다. 하원의 피선거권 연령은 평균 21세다. 상원은 평균 29세다.

2007년에는 터키도 피선거권 연령을 30세에서 25세로 낮췄다. 결과적으로 피선거권 연령은 이후 2017년 개헌 국민투표에서 18세로 낮아졌다. 이러한 변화로 터키 역사상 가장 젊은 의원, Rumeysa Kadak이 2018년 선거에서 당선되는 결과가 나왔는데, 당시 그는 18세로 고등학생이었다.

피선거권 연령이 21세 이하인 의회는 의원의 평균 연령도 낮은 경향이 있다. 동시에 성인 인구의 평균 연령은 의원의 평균 연령에 대한 영향력이 미미한 것으로 나타난다.

입법적 차원에서 청년 성인을 위한 정치적 평등을 달성하기 위해서는 피선거권 연령을 낮추는 것이 필수적이다. 피선거권 연령과 선거권 연령을 연동하여 보편적으로 청년에게 권력을 분배하고 특히 의회 안에서 청년의 대표성을 촉진하는 일이 중요하다.

청년의 의회 참여

2020년 조사에 따르면, 단 9개의 국가만이 자국의 법적 형태 안에 청년할당제를 두고 있다. 이 수치는 2016년 이래 바뀌지 않고 있다.

30세 미만 의원이 없는 의회는 37%에 달한다. 전 세계에서 30세 미만 의원이 없는 단원제 의회나 하원은 약 25%, 30세 미만 의원이 없는 상원은 73%에 달한다.

전 세계 연령별 청년 의원 비율을 따져보면

30세 미만: 전 세계 의원 중 2.6%만이 30세 미만이고, 이는 2014년 이후 1% 증가한 결과다.

40세 미만: 전 세계 의원 중 17.5%가 40세 미만인데, 이는 2014년 이후 4.6% 증가한 수치다.

45세 미만: 전 세계 의원 중 30.2%가 45세 미만이며, 이는 2014년 이후 6.3% 증가했다.

피선거권 연령

의회 선거에 입후보할 수 있는 피선거권 연령은 법정 선거권 연령과 일치하는 일이 거의 없다.

69%의 국가가 선거권 연령과 피선거권 연령 간 격차를 두고 있다. 선거권 연령과 피선거권 연령 사이의 격차는 단원제 의회 및 하원보다는 상원에서 일반적으로 더 크다.

상원 입후보를 위한 피선거권 연령은 최저 18세부터 최고 45

세로, 그 평균은 28.6세다. 선거권 연령과 피선거권 연령 사이의 격차는 평균 10.4년이다. 단원제 의회 및 하원 입후보를 위한 피선거권 연령은 최저 17세부터 최고 30세로, 그 평균은 21.6세다. 선거권 연령과 피선거권 연령 사이의 격차는 평균 3.5년이다.

분석을 마친 의회 중 단 39%만이 "청년"과 명백하게 관련된 이름을 띤 위원회를 두고 있고, 16%의 의회 정도가 청년 의원 모임을 두고 있다.

선거제도

특정 국가의 선거제도는 선거인단이 어떻게 의석수로 이어지는지 규정한다는 점에서 청년 의원의 선거에 영향을 미친다. 선거제도는 정당과 공천 사이의 관계에도 또한 영향을 미친다. 유권자의 선호에 따라 의석수가 배분되는 비례제도에서 정당은 일반적으로 후보자 명부를 작성한다. 다수결주의나 '소선거구제'에서는 각각의 선거구에서 "승자독식"이 이뤄진다. 이렇듯 선거제도의 구조는 상이한 결과를 낳는다.

후보자 명부를 작성하는 제도 하에서는 정당의 통제력이 더 강하다. 이때 정당은 승리에 가장 유리하면서 당에 가장 충성스

러운 후보를 지원하는 데 더 관심을 갖는 경향이 있다.

정당은 자당이 가장 선호하는 후보를 명부에서 우선순위에 둠으로써 승률을 높이려고 한다. 청년 후보들은 정당의 지원을 덜받게 되고, 따라서 후보자 명부의 하단으로 밀리는 경향이 있다. 그 결과 당선되기 어려워진다.

소선거구제하에서 청년 후보들은 종종 당선 가능성이 낮은 선거구에 공천을 받는다. 이런 선거구는 정당도 승리할 기회가 없다고 보는 곳이다. 따라서 청년 후보들은 경륜 있는 동료 당원들보다 당선될 기회를 거의 누리지 못하는 셈이다.

할당제의 도입은 대표성 문제를 개선한다. 하지만 할당제는 명목상의 시책 수준을 벗어나게끔 설계되어야 한다. 페루는 청년 할당제를 활용하여 청년의 대표성을 증진시켰다. 그러나 국민선거배심원(JNE)의 일원이자 Peruvian Youth Participation의 전문가에 따르면, 젊은이는 후보자를 채우는 용도로 간주된다. 사실상 청년들은 후보자 명부의 최하단에 배치되는데, 의석 확보의 기회를 앗아가는 것이나 다름없다.

이러한 경험은 할당제의 효용성을 확보하기 위해서 정기적으로 제도를 검토할 필요가 있음을 보여준다.

정치자금

정치자금은 의원이 되고자 하는 많은 젊은이들에게 주요한 장애물이 되기도 한다. 공직 선거에는 자금 지출이 따른다. 게다가 많은 선거제도가 후보자들에게 재정적 지원의 확보와 선거 출마를 위한 기탁금 납부를 요구한다.

예를 들면, 나이지리아에서는 의회에 입후보한 후보자는 미화 약 3,000달러를, 대통령직에 입후보하면 미화 약 50,000달러를 지불해야 한다. 정계에 인맥이 없거나 개인적으로 부유하지 못한 젊은이들에게 그만한 비용은 엄두도 내지 못할 수준이다.

정당이 자금을 지원하기도 하지만, 경륜 있는 당원들과 경쟁하는 것처럼 여겨진다면, 젊은이들은 당의 재정적 지원을 확보하는 데 어려움을 겪기 마련이다. Dorji Khandu(부탄의 청년 의원)는 다음과 같이 요약했다. "사람들은 후보를 돈으로 봅니다. 정치인이 말만 늘어놓을 순 없죠. 돈을 써야 합니다."

Pavyuma Kalobo(잠비아의 청년 의원)에 따르면, 선거에서 이기기 위한 자금의 측면이 정치 경력을 추구하는 많은 젊은이들을 단념시킨다. 이들 젊은이들은 자신의 일상생활에서 더 시급한 재정적 우선순위를 가지기 마련인 탓이다.

Irene Putri(인도네시아의 청년 의원)도 자금이 문제라고 진단한다. 그녀는 "선거 출마는 돈이 많이 들어요. 25살짜리가 봉급이 얼마나 되겠어요?"라고 말했다.

Moussa Timbine(말리 전 의원)는 "젊은이들은 우선 생계를 걱정해야 해요. 보장된 미래가 없으니까요."라고 말했다.

선거운동 비용 상한제는 모든 후보자들 중에서도 특히 청년 후보자들에게 운동장을 평평하게 만들어주는 좋은 수단이기도 하다. 청년 후보자들에게 더 많은 자금을 지원하기 위한 선택지들이 더 있다. 어떤 대안은 입법화를 필요로 하기도 한다. 그 중 하나는 정당이 청년 후보자들에게 특정 비율만큼 최소액을 지원하도록 요구하는 것이다. 선거를 주관하는 당국이 청년처럼 소수자 후보에게 기탁금을 인하해주는 방법도 있다. 마지막으로 선거 당국이 청년 후보자들에게 보조금과 대출을 지원할 수도 있다.

생애주기에 따른 과제들

생애주기라는 요인은 의회 내 청년 의원 수의 증가에 있어서 중요한 영향을 미치기도 한다. 이 문제는 지역마다 다르기도 하지만, 전 세계적으로 많은 점에서 공통적이다.

18세 이상 청년 다수가 고등교육을 추구하거나 직업훈련을 받거나 또는 직업적 경력을 시작하는 중이다. 많은 젊은이들에게 이 시점은 배우고 계획하는 때다. 이는 젊은이들이 집을 떠나 다른 마을이나 도시, 또는 심지어 새로운 기회를 찾아 타국으로 이주하기 쉬운 때이기도 하다. 이들은 재정적으로 자기 자신을 돌보기 어려울 수도 있다. 또 학자금 대출 등의 빚을 지고 있는 젊은이도 있다. 인생의 이러한 단계에서 청년들은 새로운 사상에 노출되고 그와 관련한 정치 문제에 관심을 갖는다. 그들은 의원직 당선을 추구하기에 앞서 교육적 성취를 이루고자 했다고 말했다.

Melvin Bouva(수리남의 청년 의원)는 국제의회연맹 청년 의원 포럼의 대표다. 그는 정치에 대한 본인의 애정과 이른 나이에 의원이 되고자 하는 열망에 대해 정열적으로 얘기했다. 그는 대학 졸업이 의원으로서 자신의 신망을 보장받는 데 주요한 일이었다고 말했다.

"27살에 의회에 입성했습니다. 이전까지는 무언가를 준비하고 경험을 얻는 데 많은 시간을 보냈습니다. 할 수 있는 모든 것을 했죠. 덕분에 당선되었을 때, 저는 진지하게 받아들여졌습니다. 다수의 청년 조직에서 활동했고, 학생평의회와 청년 국회에도 참여했습니다. 대학에서는 법학을 전공했는데, 이는 제가 의정 활동을 하는 데 있어 중요한 전문 지식을 갖췄음을 뜻했습니다."

Bida Youssoufo(베냉의 청년 의원)은 그러한 관점에 화답하며, "교육은 청년의 의회 참여를 가로막는 요인입니다. 교육을 받지 못하고 경험을 쌓지 못한 젊은이가 공직에 진출하기란 쉬운 일이 아니죠."라고 말했다.

나이가 많은 사람들은 자신이 성취하고자 열망하는 정치적 목표에 대해 더 잘 알고 있다. 많은 사람들이 40세까지는 최소한 중등학교까지 국가가 기금을 제공하는 교육을 경험했을 것이다. 그들은 세금을 납부했을 테고, 자신의 학자금 대출 이자율에 대한 관점도 가지고 있을 것이다. 이들은 건강보험제도의 혜택을 받거나 고령의 친척들을 지원하는 사회복지를 활용했을 것이다. 이들은 정부 기관을 통해 출산 급여나 육아 급여를 청구했을 테고, 자녀를 학교에 입학시켰을 것이다. 실제로 그러한 개인적 경험의 축적이 사람들로 하여금 제2의 직업으로서 공직생활을 고려하도록 유도하는 일이 잦다. 개인적 경험은 잠재적인 청년 후보자들이 정치인으로서 맞닥뜨릴 혹독함에 대처하기에 충분한 경험을 쌓지 못한 존재로 간주된다는 사실의 사례로 언급된다.

18세 이상의 젊은이는 보통 자신이 선택한 분야에서 입신하기를 열망하고, 부동산을 매입하며, 장기적인 관계에 진입하거나 가정을 꾸리기 시작한다는 연구가 있다. 이 기간 동안 젊은이들은 보통 공직보다는 안정과 안전을 위해 인생의 선택을 우선 시한다. 많은 곳에서 공직은 안정적이거나 안정한 일거리로 고려되지 않는다.

〈청년 정치의 장애물을 제거하기 위한 방법〉

· 의회 안에 보육시설 설치
· 출산 및 육아 정책의 수립 및 시행
· 의원들을 위한 원거리 노동과 투표 해결책 수립 및 시행
· 긴급상황에 잘 대처하도록 의원들의 '페어링' 제도 허용
· 의원들이 청년 정치지망생들과 교류하여 조언과 지도를 제공하도록 무당파적인 조직 프로그램 수립
· 예산 수립 시 청년 프로그램에 예산 할당을 늘리기 위한 의회의 역할 강조. 이는 청년의 정치 참여를 강화하는 것과 관련 있음. 예산이 젊은이들의 요구에 화답한다는 점을 확실히 하는 것이 목표.
· 청년에게 민주주의 교육 프로그램 공급. 그들의 관심사 다루기

"구관이 명관" 증후군

투표자와 당원은 청년을 경험 부족이나 자격 미달과 연관

225

짓기도 한다. 이러한 사고방식은 전 세계 곳곳에서 발견된다. Shahzaib Durrani(파키스탄의 청년 의원)은 국제의회연맹 청년 의원 포럼 이사회의 일원이다. 그는 "현재 파키스탄 인구의 64%가 30세 미만입니다. 파키스탄의 청년들은 의회에서 일할 만큼 엄청난 잠재력을 지니고 있지만, 청년이 공직에 진출하는 것을 가로막는 장애물이 있습니다. 바로 구관이 명관이라는 사고방식입니다. 파키스탄에서는 나이든 사람들의 경험을 청년의 혁신적인 관점보다 우선시합니다. 이러한 사고방식이 장애물로 작용합니다"라고 말했다.

이는 다른 많은 나라에서도 나타난다. 학계, 시민사회 활동가들, 의원들은 공통적으로 권력에 대한 기성세대의 독점이 주요한 장애물로 작용하여 젊은이들이 의회에서의 경력에 대해 고려하는 것을 방해한다고 언급했다.

어떤 나라에서는 나이든 사람들과 그들이 축적한 지혜에 대한 숭배가 더 심하다. 그러한 나라에서는 나이든 사람들의 경험을 청년 세대의 경험보다 더 귀중하게 여긴다. 일부 국가의 정당은 엄격한 계층제로 운영되고 있고, 오랜 봉사와 충성심에 높은 가치를 부여한다.

이러한 국가의 의회 후보자들은 '그들의 순서가 왔다'는 전제하에 공천을 받는다. 오랜 기간 당에 봉사하고 헌신한 대가로 공직 진출 기회를 차례대로 얻는 셈이다. 오랜 봉사는 자격과 전문성에 기초한 경쟁력 있는 공천을 압도하기도 한다.

공공연한 적대감에 직면한 많은 젊은이들은 의회 진출을 직업으로 삼을만한 선택지로 보지 않는다. 하지만 의원으로서 봉직하기로 결심하고 당선된 청년들은 보통 자신의 가치와 전문성을 아주 기민하게 입증한다. 청년 의원들은 새로운 기술을 수용하고, 소셜 미디어를 활용하여 자신에 대한 지지의 폭을 넓히고 다양화하는데 더 적합하다.

많은 국가들이 세대간 불협화음을 겪고 있다. 이탈리아의 청년 의원인 Marta Grande는 본인이 운이 좋다고 생각한다. 2013년 그는 다수당에서 선출되었는데, 자당의 의원들이 모두 40세 미만이었다. 그는 자신의 의원생활 초기 동료들로부터 귀중한 지원을 받았다고 말한다. 덕분에 기성 정치인들의 나이를 핑계 삼은 편견에 잘 대처할 수 있었다. 그는 "사람들은 우리를 어린애 취급합니다. 하지만 당 전체가 40세 미만이었고, 그래서 서로 도우며 엄청난 에너지를 얻었어요."라고 말했다.

대중이나 동료의 지원 없이는 청년 의원은 하찮은 존재가 되어버리기 일쑤거나 기성의 나이 많은 동료 의원들에게 영향력을 발휘하지 못하기 쉽다. 단 한두 명의 청년 의원을 선출하는 것만으로는 젊은이들의 인식을 변화시키기에 불충분하다.

청년들의 정치 혐오

세계 곳곳에서 청년들은 정치인에 대한 불신을 자주 표출하고, 자신들이 정치에서 멀어지는 주요 요인으로 정당과 제도를 언급한다. 이는 정치에서 청년의 과소 대표성과 관련하여 진행한 인터뷰와 분석에서 반복하여 제기되는 문제다. 그럼에도 국가별로, 지역별로 차이가 있기는 하다.

유럽처럼 민주주의가 보다 확고히 자리 잡은 곳에서는 청년의 참여율이 더 높은 경향이 있다. 민주주의가 새로이 도입된 곳에서는 정치 참여가 현저히 낮다.

멕시코 청년들은 의회와 정부의 부패를 비난하고, 따라서 정치에 참여하는 일을 꺼린다. 이와 관하여 Andrea Garcia(멕시코의 청년 의원)는 "멕시코에서 조사를 진행한 청년 중 90%가 정치를 모르거나 신경쓰지 않다. 부패는 큰 문제다"라고 말했다.

아랍의 봄의 발생지인 튀니지, 그리고 이집트에서 관한 연구에서는 정치적 절차에 대한 청년의 혐오가 증가하고 있으며, 이는 자국의 새 정부가 의미 있는 변화를 일으키고, 시민이 직면한 주요 문제를 해결하는 데 실패했다는 인식이 퍼진 탓이라고 진단한다. 정권 교체를 둘러싼 희열과 낙관주의가 이러한 불만을 집중시킨다.

아프리카 사하라 이남의 청년들은 자신들을 충분히 대변하지 않는, 융통성 없고 비집고 들어갈 틈이 없는 낡은 정치제도로 인해 좌절감을 느낀다고 말한다. 그들은 정치 시위와 관련한 폭력에 공포감을 느낀다. 정치제도를 혐오하거나 불신하는 젊은이들은 정치를 매력적인 직업으로 고려하길 주저하게 된다.

Alona Shkrum(우크라이나의 청년 의원)은 "정치적 절차나 정당에 대한 신뢰는 없습니다. 청년들은 정치에 활발하게 참여하면서 무언가를 바꿀 수 있다고 느끼지 않아요. 많은 젊은이들이 투쟁하고, 죽임을 당하고, 다쳤습니다. 하지만 여전히 청년은 선거에 참여하지 않고, 정치인을 선출하고 싶어하지도 않습니다. 누군가가 청년이 원하는 대로 청년을 대변해주리라고 느끼지 않기 때문입니다"라고 언급했다.

그럼에도 많은 국가들에서 청년은 더 열렬히 참여함으로써 이러한 장애물을 극복해가고 있다. Iqra Khalid(캐나다의 의원)는 다음과 같이 설명한다. "캐나다 총리가 된 쥐스탱 트뤼도는 아주 훌륭한 사례를 남겼습니다. 트뤼도 총리는 젊어보이고, 혈기 왕성하며, 청년 세대처럼 말합니다. 동시에 다른 청년 후보들에게 힘을 실어주고 있습니다. 이런 점이 문제를 알아가는 데 도움을 줍니다."

2014년 스코틀랜드는 독립 문제를 두고 국민투표를 실시하면서 16, 17세 청소년에게 투표권을 부여했다. 그들 중 약 80%가

선거인단으로 등록했고, 약 75%가 투표권을 행사했다. 이는 보통선거와 달리 단일 의제를 놓고 벌인 국민투표였는데, 젊은이들은 여기에 엄청난 관심을 보였다. 유럽연합 전역에 걸친 연구에서 16세부터 24세사이의 청년 중 42%가 정치에 관심을 두고 있다고 보고되었다.

청년할당제

전 세계 국가들은 청년의 의회 참여를 증진하기 위해 다양한 할당제도를 활용한다. 어떤 경우에는 할당제가 청년 입후보 하한선을 두고 있기도 하다. 어떤 제도는 청년을 위한 의석수 확보를 요건으로 삼기도 한다.

청년할당제는 비교적 새로운 제도다. 기존의 여성, 소수자 할당제와 달리 청년할당제는 독특하다. 청년이었던 사람도 나이를 먹어감에 따라 필연적으로 중장년이 될 운명이기 때문이다.

할당제는 일반적으로 다음 세 범주로 나뉜다.

○ 의석수 할당: 청년 대표성 확보를 위해 특별히 배정된 의석. 이렇게 배정된 의석은 법으로 보장받으며, 선거 과정에서 필수적인 부분을 이룬다.

○ 법정 후보 할당: 정당은 자당의 정당 명부에 법적으로 정

해진 수 이상의 청년을 등록해야 한다.

○ 정당 할당: 각 당은 자당만의 할당제를 채택하는데, 법적 요건은 아니다.

의석수 할당

의회 내 청년을 위한 의석수 할당 제도를 활용하는 나라는 르완다, 우간다, 모로코, 케냐, 4개국이다. 이 제도에 따라 할당된 의석은 과소 대표되는 전체 집단에게 보장된 의석의 일부다. 모로코에서는 별개의 배타적인 명부를 통해 후보자들이 선출된다. 후보자들은 르완다, 우간다라면 청년평의회 대표단이 선출하기도 하고, 케냐에서는 정당의 임명을 받기도 한다.

법정 후보 할당

법정 청년후보 할당제는 약간 더 많은 국가들에서 채택되고 있다. 이 국가들은 법적 요건을 제정하여 정당이 특정 집단의 구성원을 위한 자리를 확보하도록 하고 있다.

정당 할당

정당에게는 할당제를 채택해야 할 법적 제약이 없지만, 특정한 경우에는 할당제를 취하기도 한다. 소위 자발적 정당 할당제는 드물긴 하나 법정 할당제보다 더 일반적이다. 우리의 조사를 통해 할당제를 활용한다고 나타난 정당의 사례가 있긴 하지만, 할당제의 정확한 시행 방식까지 밝혀지지는 않았다.

몇몇 정당이 할당제 관련 규칙을 갖고 있지만, 구체적인 내용은 거의 없다. 지금까지는 청년할당제가 통계적으로 유의미한 영향을 미치지 못했다. 극소수 국가들만 청년할당제를 시행 중인 데다 시행한 지 오래되지도 않았다. 어떤 효과가 있었대도 이를 식별하기에는 그 효과가 너무 미미하다.

할당제는 보통 즉각적인 성과를 도출하리라는 기대를 받는다. 그러나 늘 이런 기대가 충족되는 것은 아니다. 예를 들면, 페루에서는 할당제가 예상만큼 효과적이지 못한 것으로 드러났다. 2006년, 지방정부 단위에서 청년할당제가 시행되었고, 이에 따라 명부의 20%를 청년으로 구성할 것이 요구되었다. 이 제도 초기에는 청년 대표성이 8%에서 13%로 늘어나는 등 몇몇 성공적 결과가 따랐다. 하지만 지난 세 번의 선거를 치르면서 제도가 안착한 이후에도 목표치인 20%를 충족하지 못하고 있다.

그럼에도 불구하고 청년할당제는 청년의 대표성을 증대시키고 있다. 오늘날 청년의 대표성은 전 세계 다른 많은 나라의 의회보다 높다. 나아가 청년할당제는 정치가 젊은이에게 열려 있으며, 정치에 참여토록 권장한다는 강력한 신호를 전달 한다.

청년 당파

정당은 청년 후보를 모집하고, 지원하며, 옹호하는 데 있어 주요 역할을 수행한다. 많은 정당이 인재를 공급받기 위한 경로로 청년 당파를 활용한다. 여러 연구는 청년 당파가 잘 고려되고 길러지는 곳에서 우수한 성과가 나온다고 보여주고 있다. 예를 들면, 포르투갈에서의 청년 당파에 관한 연구는 다음과 같은 점을 발견했다. "청년 당파의 구성원들은 여러 활동을 통해 높은 수준의 정치적 효용성과 비판적 사고를 획득하고 정치 참여에 관한 규제를 위해 분투한다."

청년 당파가 젊은이를 참여시키는 데 효과적인 수단이기는 하지만, 주요 정당 구조 내에서 청년의 종속적 지위는 동등한 토대 위에서 정치에 참여하는 것을 가로막고, 의회에 진지한 자세로 도전하려는 존재로 비치는 것을 방해하기도 한다. 한 연구에 따르면, 동티모르에서는 청년 당파에 참가하는 것이 조건이며, 청년 당원이 자당과 정책 개발에 기여할 기회란 '명목상의 시책'에 불과했다. 영국과 가나에서 분명히 제기된 문제들도 이와 유사하다.

청년 당파의 구성원이 교육이나 경제력 수준 또는 인종이나 출신지, 심지어 연령대 같은 측면에서 상대적으로 균일하면, 그 영향력도 감소한다. 이런 당파는 청년 세대에 영향을 미치는 전

방위의 문제들에 무감각하기 쉽다.

청년 당파의 계파적 속성 또한 효용성에 불리한 영향을 미친다. 정당을 불신하는 젊은이들이 점점 늘어가는 세태에서 이들에게는 정당의 청년 당파라는 것이 옳던 그르던 간에 청년 세대를 포용하기 위한 순수한 계획이라기보다는 정치적 수단이나 선전 도구처럼 비치기도 한다.

정당이 청년에게 문호를 더욱 개방하고, 자당의 청년 당파에게 힘을 실어주기 위해서 다음과 같은 해법의 실천이 요구된다.

· 청년 당파 설립을 위한 당헌 작성, 성공을 위한 목표와 수단명시
· 청년 당파가 그 자체로 정당에서 분리되지 않고, 정당 정책과 토의 및 의결 과정에서 영향력을 행사하도록 권한을 확실히 부여
· 청년의 모집을 촉진하고, 비싼 기탁금 같은 장애물을 제거하여 청년 세대를 포용
· 청년 인구에 대한 조직력을 배가하기 위해 의사결정 구조 내 지도적 위치를 청년에게 부여하는 등 정당의 문호를 개방

의회 청년 정책 결정 과정의 참여

청년 관련 법률과 정책의 설계, 시행, 점검, 평가에 참여케 하는 것처럼 의미 있는 접근법이 청년의 참여를 향상시킨다. 이 또한 의회가 비중 있는 역할을 수행할 수 있는 주요 영역이다. 의회와 그 구성원인 의원은 대의, 입법, 감독, 예산 기능을 통해 청년의 참여를 위한 경로로 기능하기에 유리한 위치에 있다.

정책 과정에서의 청년 참여를 위한 의회의 역할에 관한 인식이 확산중이다. 국제의회연맹은 세계 미래 평의회, 유엔, 기타 기구들과 협력하여 2019년 미래정책상을 개최, 청년에게 권력을 배분하는 데 있어 세계에서 가장 모범적인 권력 배분 정책들에 시상했다.

에스토니아는 청년에 초점을 맞춘 법률과 계획을 추진하기 위한 노력이 인정받았다. 에스토니아 청년 분야 개발 계획(2014-2020)은 청년 개개인이 자기개발과 자아실현을 위한 충분한 기회를 보장 받도록 하는 데 목적을 둔 포괄적인 정책이다. 많은 나라가 젊은이들과 학생들을 위한 교육 활동을 꾸준하게 착수하고 있다.

아프가니스탄에서는 하원격인 Wolesi Jirga가 의회에서 청년 문제를 논의할 때 젊은이들을 참여시키고 있다. 아프가니스탄 하원은 청년부 차관과 함께 청년 활동가들 및 대학생들을 의회의 개조 프로그램에 초대했다.

캐나다에서는 선거구 내 청년평의회와 자문위원회를 활용하여 의원들이 청년들과 정치 문제를 논의할 수 있도록 하고 있다. 청년평의회는 정계에 입문하고자 하는 젊은이를 도와 교육하고 훈련하는 도구로 기능하기도 한다.

프랑스에서는 '영향 조항'을 도입했다. 이는 청년 인구에 관한 법률과 정책을 새로 도입할 때, 그 영향을 평가하기 위함이다.

코스타리카에서는 의회의 시민참여부가 젊은이들과 협력하여 포럼 및 워크숍을 조직하는 식으로 정치 지도 기술을 강화하고 있다.

노르웨이에서는 의회의 의장이 청년에게 봉사하는 것을 우선순위로 삼고, 사회적 토론에 참여하는 방법을 청년에게 안내하고 있다.

바레인에서는 의회가 청년을 위한 교육 행사를 개최하고 소셜 미디어와 텔레비전을 동원하여 세계 청년의 날을 정기적으로 기념한다.

청년 의원 모임

의원 모임은 의원들의 공식적 또는 비공식적 집단을 가리키는 집합적 용어다. 의원 모임은 인종, 성, 종교, 연령, 공동의 관심사처럼 공통적인 전제 위에 구성된다.

청년 의원 모임이 결성된 의회의 수가 점점 증가하고 있다. 그 일부는 청년 의원들의 네트워크로서 인맥을 형성하고 역량을 강화하는 데 집중한다. 다른 의원 모임은 청년 문제에 초점을 맞춰서 전 연령대의 의원들이 함께 청년 정책과 계획을 위해 일할 수 있도록 기능한다.

국제의회연맹 청년 참여 조사의 일환으로 우리는 각 의회에 청년 문제에 전념하는 의원 모임이 있는지, 청년 의원들로 구성된 의원 모임이 있는지 질문했다. 응답에 따르면, 16%가 청년 의원들로 구성된 의원 모임을 두고 있고, 21%가 청년 문제에 천착하는 의원 모임을 두고 있었다.

이와 같은 맥락에서 국제의회연맹은 2013년 청년 의원 포럼을 설립하여 전 세계 청년 의원들을 위한 청년 주도의 국제적인 플랫폼으로 기능하도록 하고 있다. 그 목표는 청년 참여를 향상시키고, 청년 의원들에게 더 많은 권한을 배분하여 그들의 영향력을 강화하고, 국제의회연맹 및 전 세계 모든 의회에서 정책을 개발할 때 청년의 관점을 반영하는 것이다.

청년 의회

일반적으로 "청년 의회"라는 용어는 의회 절차와 토론을 모사한, 청년 기반 행사를 가리킨다. 많은 경우 이러한 행사는 젊은 이를 교육하고 정치적 절차에 대한 청년의 인식을 증진하기 위한 목적으로 청년 조직들에 의해서 기획된다. 이런 행사는 청년 정책의 중요성을 강조하고, 의회 내 심의를 반영하며, 청년 의원을 모집하는 데 도움을 주기도 한다. 청년 의회 구성원은 10대부터 30대까지 다양하다.

전 세계 56%의 의회가 청년 의회를 실시한다고 보고하고 있다. 자료는 청년 의회의 실재가 곧 의회를 더 젊게 하는 것과 연관하지는 않다는 점을 보여주지만, 이 보고서에서 인터뷰를 진행한 의원들은 이러한 기구가 의회 입문을 준비하는 청년에게 도움을 줄 수 있다는 관점을 갖고 있었다.

상원에서의 청년 대표성을 강화해야 한다. 상원은 청년의 대표성을 향상시키는 데 도움을 줄 수 있다. 그러나 73%의 상원에는 30세 미만 의원이 없고, 16%의 상원에는 40세 미만 의원이 없는 실정이다. 국제의회연맹 Parline 데이터베이스에 나타난 상원의 60%는 상원의원을 선출하는 대신 임명한다. 더 많은 수의 청년 상원의원을 임명하는 일은 긍정적이고 혁신적인 성과를 산출하는 잠재력을 지니고 있다.

청년위원회, 청년 의원 포럼 같은 의회 내 특화 기구를 설립하여 의회 업무에 청년 문제를 편입시키고, 청년에 영향을 미치는 문제들에 청년의 관점을 반영해야 한다.

의회 절차의 문호를 청년에게 개방하여 청년이 개발, 점검, 평가 등 정책 과정 및 입법 과정 전반에 걸쳐 의회 업무에 기여할 수 있도록 하라. 의회와 노소불문 의원들로 하여금 청년들의 공간, 예를 들면, 소셜 미디어와 초중등학교, 대학, 공공 장소로 나아가 청년들에게 다가가도록 격려하라. 이러한 연계를 강화하는 한 가지 해법은 선거구 단위로 개별 의원들을 위한 청년 자문 평의회를 설립하는 것이다.

점점 더 많은 의회가 "청년 의회"를 개최하고 있다. 여기에는 청년 대표단이 참가하여 정책과 입법을 놓고 토론을 벌이고, 정부 각료에 질의를 던지며, 계획들에 착수한다. 청년 의회 행사의 주된 목적은 젊은이들에게 의회 구성원의 업무가 무엇인지에 관한 인식의 기회를 제공하는 데 있다. 의회는 청년 의회에 참가하는 젊은이들이 지속적인 지원과 멘토링을 향유할 수 있도록 보장해야 한다.

의회의 현대화: 디지털 혁명

의회와 정치 활동을 현대화할 필요성에 대한 인식이 점점 확산되고 있다. 의회는 혁신적인 방법을 찾아 시민의 참여를 증진하고, 의회와 시민 사이의 상호작용을 배가해야 한다. 청년 의원 중 압도적 다수가 변화에 대한 청년 의원들의 혁신성, 창의성, 개방성이야말로 본인들이 의회에 존재하는 주요 이점이라는 관점을 가지고 있었다.

Raphael Igbokwe(나이지리아 전직 의원)은 이렇게 말했다. "청년은 제도에 혁신성과 창의성을 불어넣습니다. 그리고 제도는 종종 새 피를 수혈받고, 새로운 아이디어를 공급받을 필요가 있죠. 청년은 의회 안에서 압력단체로서 작동하기도 합니다. 이를 통해 정부와 행정부에 책임을 묻습니다. 미래를 바꿀 정책과 법률이 그에 따라 가장 많은 영향을 받을 청년을 배제하지 않도록 청년의 목소리에 귀기울이는 일이 중요합니다. 마지막으로 대개 청년은 나이든 사람들보다 기술적으로 앞섭니다. 청년은 유권자와 더 잘, 그리고 더 빨리 소통할 수 있는데, 이는 사람과 제도 사이가 단절된 시기에 중요합니다."

청년 의원들은 의회의 통치에 있어서 출현하고 있는 디지털 문제들에 대해 나이가 많은 동료 의원들보다 본인이 더 잘 알고 있다고 생각한다. 청년 의원들은 또 디지털 기술이 어떻게 정치 및 의회 업무의 수행을 바꾸고 있는지 더 잘 이해한다고 생각한다. 이 보고서에서 진행한 일련의 인터뷰에서 그들은 의회 업무에서 소셜 미디어가 야기한 거의 불가피한 결과에 관해 논의하면서 이러한 매체의 이점과 결점을 인정했다. 새로운 기술은 의원들이 자신의 선거구 및 대중과 광범위한 동시에 더 쉽게 소통할 수 있도록 해준다.

하지만 소셜 미디어에는 어두운 측면도 있다. 실제로 청년 의원들은 지속적인 온라인 노출이나 부정적이고 공격적이며 때때로 폭력적이기까지 한 토론에 대응하는 일이 무척 어렵다는 사실을 보고했다.

청년 의원들은 왓츠앱 등의 소셜 미디어 플랫폼에서 쏟아지는 메시지의 융단 폭격을 받는 기분이 자주 든다. 이들은 자기 업무를 우선순위로 두고 좀 더 구조적이며 목적 지향적인 디지털 상호작용을 성취하고 싶은 열망을 드러냈다. 이 세계는 압도적인 소통량에 대한 해법을 찾아야 한다.

그럼에도 불구하고 청년 의원들은 광범위한 구성원들과의 디지털 상호작용에 매료되고, 또 정보를 주고받는다. Emma Theofelus(나미비아의 청년 의원)는 의원들은 소셜 미디어를 통해 "솔직하고 진실한 대화를 나눌 수 있습니다. 청년 의원들

은 소셜 미디어 플랫폼을 활용하는 데 대단히 편안해합니다"라
고 언급했다.

청년 의원들은 의회 업무의 디지털 전환을 옹호한다. 이들은
더 나은 자료에 열광한다. 의회 내부 업무를 수행함에 있어서 이
들은 오픈 데이터로서 의회 정보를 발간하기도 하고, 의회 업무
에 대중의 폭넓은 참여를 추진하기 위해 디지털 도구를 활용하
기도 한다. 청년 의원들은 의회 업무의 미래상을 두고 많은 구상
을 가지고 있었다. 가령 투표 기록을 디지털화하여 발간하고, 본
회의와 위원회 회기를 방송하며, 원거리 회의와 투표 설비를 가
동하고, 의회 웹사이트를 참여의 장으로 활용하는 방식들이다.
이들은 의회 절차를 보다 투명하게 가동하기 위한 지원이 제도
에 대한 신뢰를 회복하고, 보다 참여적이며 믿을만한 디지털 정
치 환경을 가능케 한다고 언급한다. 이들의 관점에서는 소신 있
는 투표와 발언, 위원회 활동과 회의 일정이 더욱 가시화하면 자
신의 가치와 노고가 입증될 수도 있다.

파키스탄의 청년 의원인 Shahzaib Durrani는 "젊은이들에
게는 조국과 고향의 사회적, 경제적, 정치적 환경에 변화를 불러
올 수 있는 기술 혁신을 더욱 잘 활용할 잠재력이 있습니다. 현
재 우리는 사회적, 경제적, 정치적, 기술적 문제와 아울러 환경
문제에 직면하고 있습니다. 이러한 문제들은 국가적, 지역적, 국
제적 차원의 정치에 자국의 의회를 통한 청년의 참여를 요구하

고 있습니다. 오직 청년만이 이 무수한 문제들에 대한 해결책을 찾을 수 있기 때문입니다" 라고 진술했다.

프랑스 청년 의원인 Paula Forteza는 의회의 업무를 개선하고 대중의 참여를 확산시키고자 새로운 기술을 일목요연하게 활용한 청년 의원 중 하나다. 그는 도래하는 기술에 대한 의회 활동과 철저한 감독을 옹호하며, 데이터 기반 서비스에 타당한 규제를 지원하기 위한 활동을 하고 있다. 청년 의원을 지원하기 위하여 의회는 다음과 같은 일들을 수행해야 한다.

· 매년 의회의 기술적, 디지털 업무 역량을 검토.
· 현대화 위원회를 만들고 청년 의원들을 포함.
· 청년 의원들을 활용, 의회의 디지털 전환을 도모.
· 온라인 청원, 가상 공청회와 의견 개진, 온라인 상호작용 및 온라인 투표 등 현대 기술을 활용하여 청년이 의회 절차에 더욱 긴밀하게 연결되도록 지원.
· 현대 기술, 특히 소셜 미디어 기술 등에 투자하여 청년들의 정치 참여 유도

청년 정치를 위한 제안

정부, 의회, 정당은 제도 개혁을 통해 청년 과소 대표 문제를

완화해야 한다. 청년 과소 대표는 민주주의의 적자에 해당한다. 이러한 개혁에는 피선거권 연령 완화, 이와 연동하여 선거권 연령 완화, 새로운 모집 전략 고안, 청년할당제 수립, 각 정당의 청년 당파 가동 따위가 포함된다. 가능한 실천 지침 중에는 다음 사항들이 포함될 수 있다.

· 양원 모두의 피선거권 연령 동일하게 개혁

· 의원직을 확보하는 것과 연관된 재정적 비용이 야기하는 배타성을 해결하기 위한 조치 (공직 후보 기탁금 삭감)

· 정당이 청년 후보에게 특정 기금을 배정하도록 유도.

정부, 의회, 정당은 청년 대표성을 위한 지원책을 수립하여 생애주기 요인들이 상충하는 가운데에서도 청년이 의원으로서 활동할 수 있도록 해야 한다. 지원책에는 보육시설, 유연 근무 일정, 훈련 및 멘토링 지원이 포함될 수 있다.

· 출산 및 육아휴직 관련 정책을 개발하고 시행하기.

· 의원을 위한 원거리 근무 및 투표 방법을 개발하고 시행

· 예기치 못한 긴급상황에 잘 대처하도록 의원 페어링 활용

· 무당파적 조직 프로그램을 개발하여 의원이 되고자 열망하는 청년에게 현직 의원이 조언을 제공

· 청년에게 권력을 더 광범위하게 배분하는 노선에 투자하기. 청년에게 접근 가능한 질적 교육을 보장하고, STEM(과학, 기

술, 공학, 수학) 분야에 청년을 포함시키며, 청년 고용, 직업 훈련, 기업가 활동을 지원하며, 청년 금융과 소자본 대출계획과 같은 재정적 서비스를 지원하는 방법이 포함된다.

· 정치 실무에서 청년을 훈련시키는 "정치 시뮬레이션"을 확대하고, 그러한 계획을 통해 타고난 활동가들을 대중매체에 노출시킴으로써 참여를 촉진. 그로써 청년의 중요성을 강조하고, 청년이 정치에 참여하도록 북돋우며, 마지막으로 정책 활동가들이 청년 참가자들과 실제 경험을 공유할 더 많은 기회를 제공.

청년 참여의 옹호

정부, 의회, 정당은 모집, 선거 절차 및 일정을 단순화하여 추진해야 하고, 청년들이 이를 통해 보다 쉽게 접근할 수 있도록 해야 한다. 이는 청년들이 지지를 확보할 충분한 시간을 갖도록 하기 위하여 선거를 훨씬 앞두고 행해져야 한다. 보다 투명한 선거 일정은 청년 당파와 청년 당원들이 보다 주도적으로 지지자를 찾아나서게 해 줄 것이다.

· 선거보다 18개월에서 24개월 앞서 선거 일정을 공식화.
· 공천보다 최소한 6개월 전 정당이 후보 공천 절차 개시.

· 공천 심사에 대해 후보자가 이해할 수 있도록 기준 공개.

· 정당이나 의회가 입후보자에 대한 재정 요건을 명시.

가능한 한 정부, 의회, 정당은 청년 의원들이 자신의 선거구나 연령 집단을 대표할 수 있는 중요한 기회를 제공받도록 보장해야 한다. 여기에는 주요 위원회의 구성원이 될 자격의 부여, 청년 의제 연구가 포함되어야 한다.

그러한 기구가 존재하지 않는다면, 의회와 청년 의원들은 청년 문제를 다루거나 의회를 청년과 연계해줄 의회 내 법정 기구의 설립을 고려해야 한다. 여기에는 의회 내 위원회, 의원 모임, 청년 의원의 모임이나 네트워크가 포함될 수 있다.

· 의회 내 모든 위원회, 의원 모임 등 공식 기구에서 청년 대표성 증진을 위한 할당제 시행

· 청년 문제를 토의할 때 청년 대표성이 포함되도록 요구.

· 의회 절차를 청년에게 개방하여 정책과 입법 과정 전반, 즉 정책 개발에서부터 그 점검과 평가에 이르기까지 청년이 의정 활동에 기여할 수 있도록 보장. 동시에 의회와 의원들이 청년들이 붐비는 공간, 예를 들면, 소셜 미디어, 초중등학교, 대학, 공공 포럼 같은 곳으로 나아가 청년에게 다가가도록 격려하기.

· '청년 의회'를 개최하고 강화하여 여기에 참석한 청년 대표

들이 정책과 입법을 놓고 토론을 벌이고, 정부 각료에 질의를 던지며, 계획들을 착수하게 하기. 의회는 청년 의원들이 지속적인 지원을 받고 멘토링을 제공받도록 보장해야 한다.

· 모든 과정, 모든 지역에서 청년의 활발한 정치 참여의 진보 수준을 점검하기 위한, 측정 가능한 기준과 지표를 개발하기. 가령 청년의 필요에 보다 즉각적으로 반응하는 정치 의제를 개발하거나 상이한 정치 제도 및 특히 정치적 의사결정 과정에서 청년 의원의 영향력 등 조직적, 지도적 형태 내 청년 대표성의 비율을 측정하는 식으로. 이는 의회 내 토론에서 청년 의원들의 기여와 그들의 제안이 최종 정책 결정, 특히 청년에게 영향을 미치는 정책 결정에 미치는 영향을 점검함으로써 성취할 수 있다.

청년 대표성 목표 달성을 위한 노력

정부, 의회, 정당은 청년할당제를 도입하거나 강화해야 한다. 이는 청년을 위한 의석수를 할당해두거나 직접 청년을 지명하는 식으로, 또 선거 시기 청년 후보는 그저 '허울'이나 '병풍'이 아니라는 점을 보장한다.

정부, 의회, 정당은 상원에서 청년의 대표성을 증진할 방법을 고안해야 한다. 이는 상원 내 연령별 대표성 균형을 개선하는 데 그치지 않고, 상원에 새로운 기술과 경험을 부여할 것이다. 가능한 실천은 다음 사항을 포함할 수 있다.

· 상원 피선거권 연령 완화
· 할당제 시행, 청년 대표성 증진을 위한 의석수 배분
· 상원에 청년 대표를 지명

정부, 의회, 정당은 지방선거에서도 청년할당제를 제도화해야한다. 이런 식으로 청년들이 더 높은 공직에 도전하기 전에 정치경험을 쌓을 수 있을 것이다. 나아가 정치 경험이 전무한 청년도덜 주저하게 될 수 있다.

· 지방, 권역, 위임 정부 수준에서 청년할당제 도입.
· 청년의 지방선거 출마 권장, 정치 경력 축적
· 국회 진출 전 지방의회 재임시절 청년 의원의 활동 홍보

정당은 청년 당파가 유효성을 발휘하도록 자당의 청년 당파를설립하거나 당파가 제대로 기능하는지 검토하여 이것이 단지 먼미래에 활용될 인재의 보급로에 지나는 것이 아니라 적격한 청년을 배려하는 경로이자 이들이 가까운 시점에 의회에서 역할을수행하도록 육성하는 통로가 되도록 해야 한다.

· 청년 당파에 관한 당헌을 분명히 하고, 당파의 목적과 성공을 위한 조치를 수립.

· 당파가 당과 분리되는 일 없이 당의 정책과 의사결정 과정에서 영향력을 행사하도록 권한을 부여.

· 당파의 구성원이 출마할 수 있도록 권한 보장.

· 정당의 문호를 청년에게 개방. 청년을 의결구조 내의 지도적 위치에 임명하여 청년 인구 내 그들의 조직력을 증진하기.

정부, 의회, 정당은 정기적으로 청년 의원을 초대하여 의회 업무와 그 효과를 어떻게 개선하고 현대화할 것인지, 디지털과 혁신 관련 문제들을 다룰 위원회에 어떻게 합류할 것인지를 놓고 논의해야 한다. 이로써 청년 의원들은 통치의 미래상을 형성하는 데 있어 지도적 역할을 수행하고, 새로운 기술과 문화적 태도에 있어 자신의 경험과 전문성을 활용할 수 있을 것이다.

· 청년 대표들이 의회의 기술적, 디지털 업무 역량을 검토

· 혁신 관련 위원회, 네트워크에 청년 의원들이 참여

· 온라인 청원, 가상 청문회, 온라인 투표 등의 기술을 활용하여 청년과 의회를 긴밀하게 연결.

· 소셜 미디어 등으로 청년들의 정치 참여 권장.

의회와 정당은 청년에게 의회 의장이나 부의장, 또 예를 들면, 위원회 의장이나 부의장처럼 눈에 잘 띄는 지도적 역할을 부여해야 한다. 또한 의회는 국제 행사에 대표단을 파견할 때 청년 의원들이 참가할 수 있도록 해야 한다.

의회와 정당은 청년 의원과 정치지망생 모두에게 추가적인 지원과 멘토링을 제공해야 한다. 이는 지식과 전문성의 귀중한 교류를 보장할 테고, 정치지망생에게 있어 의회의 일원이 되는 일을 이룰 수 있는 목표로 만들어줄 것이다.

· 청년 의원들을 멘토로 활동할 의사가 있는 나이 많은 의원과 연결하는 프로그램 수립.
· 무당파적인 조직 프로그램 개발. 현직 의원들이 청년 정치지망생들에게 조언 제공.

〈감사의 글〉

책을 마무리하며 그동안 학교에서, 국회에서, 당에서 함께 해준 청년 여러분께 깊은 고마움을 전하고 싶다. 중앙청년위원장 선거 기간 동안 많은 도움을 준 나의 청년 동지들에게 멋없고 뻣뻣한 경상도 청년인 필자가 그동안 말로 전하기에 쑥스러웠던 고마움을 끝머리에 살짝 남긴다.

병주 형, 진웅, 추강, 부기, 우효, 우혁, 상욱, 재웅, 경원, 민구, 용기, 주호, 진수, 상화, 무건, 상혁, 성용, 진호, 상재, 용범, 재욱, 영성, 그리고 보이지 않는 곳에서 묵묵히 활동해주었던 각 시·도 청년 당원들과 한국청년유권자연맹을 함께 해준 여러 청년 동지들께 깊은 감사의 인사를 남긴다. 그분들 덕분에 오늘의 필자가 있는 것이라 여긴다.

또한 책의 출판과정에서 실무를 맡아주신 글통출판사의 홍기표 편집장님과 거친 원고를 꼼꼼히 살펴보고 많은 의견을 주신 이유정, 심사용, 정윤영, 이종민, 엄정민님께도 지면을 빌려 감사한 마음을 전한다. 마지막으로 필자에게 항상 힘이 되어주는, 사랑하는 아내(김경미)와 아이들(재희, 재빈, 린)에게도 따뜻한 고마움을 보낸다. 이 책은 소중한 가족의 시간을 쪼개준 그 분들 덕분에 나올 수 있었다. 무엇보다 필자의 청년티슈 책을 읽어 주신 독자분들께 감사의 인사를 미리 올린다.

"끝까지 읽어주셔서 감사합니다."

이부형 올림

청년, 티슈?

초판 1쇄 인쇄 2023년 12월 25일
초판 1쇄 발행 2024년 1월 6일

지은이 이부형
발　행 홍기표
펴낸곳 글　통
인　쇄 정우인쇄
출판등록 2011년 4월 4일(제319-2011-18호)
facebook.com/geultong
e메일 geultong@daum.net
팩 스 02-6003-0276
ISBN 979-11-85032-92-4

값 15,000원